Dieses Buch widme ich all jenen, die mit ihrer Liebe, Kraft und Entschlossenheit dazu beitragen, dass sich die Menschheit in ein neues Zeitalter bewegt – in eine Zeit voller wachen Bewusstseins, Frieden und Liebe.

Sonja Ariel von Staden

Das Einhorn

als Beschützer und Begleiter
für die Neue Zeit

ISBN 978-3-8434-1035-9

Sonja Ariel von Staden
Das Einhorn
als Beschützer und Begleiter
für die Neue Zeit
Copyright © 2011
Schirner Verlag, Darmstadt

Umschlag: Murat Karaçay, Schirner
Lektorat und Satz:
Michael Zuch, Frankfurt am Main
Printed by: OURDASdruckt!, Celle,
Germany

www.schirner.com

1. Auflage 2011

Inhalt

Vorwort

Die lichtvolle Kraft der Einhörner ist wunderschön. Sie durchdringt alles Dunkle und ist ein wertvoller Begleiter in Zeiten großer Veränderungen, wie sie jetzt wieder geschehen. Die Einhörner sind immer da. Sie begleiten die Menschen mit ihrer Weisheit, damit sich das Bewusstsein auf Erden immer weiter entwickeln kann. Das ist meine tiefste Erfahrung.

Was ich dir in diesem Buch vermitteln möchte, ist mein Wissen und meine Welt des Lichts, wie ich sie schon lange fühle und erkenne. Doch jede Seele auf dieser Welt, die in einem menschlichen Körper wohnt, hat ihre eigenen Wahrnehmungen und Filter – auch ich. Daher kann es sein, dass andere Menschen auf dieser Erde die Einhörner anders wahrnehmen und von ihnen auf andere Weise berichten. Fühle, was für dich stimmig ist, und genieße es.

Es war schon immer normal für mich zu wissen, dass es mehr auf dieser Erde gibt, als ich mit meinen Menschenaugen sehen kann. Über viele Jahre hinweg hat meine Umwelt mir erfolgreich zu verstehen gegeben, dass meine überschäumende Fantasie, mein Wissen und meine wilden Gefühle reine Zeitverschwendung und nervtötend seien. Ich zog mich zurück und behielt meine Erkenntnisse und mein Wissen für mich, verborgen in einer großen Schatztruhe. Bis ich eines Tages erkannte, dass es meine Aufgabe ist, mein Wissen und meine Wahrnehmungen mit den Menschen zu teilen und diese mit meiner Gabe zu begleiten, ihnen Kraft, Hoffnung und Mut für ihren Weg durchs Leben zu schenken.

In diesem Buch möchte ich von der Welt der Einhörner berichten. Es gibt in der menschlichen Geschichte zwei Seiten dieser Wesen:

Da sind zunächst die historischen Hintergründe des pferdeähnlichen Tieres mit dem einen Horn auf der Stirn, das schon seit Jahrtausenden in vielen Teilen der Welt als Mythos, Legende und reales Geschöpf auftaucht. Dies darzustellen füllt den ersten Teil meines Buches. Er ist sehr rational und wissenschaftlich recherchiert. Vor allem für Verstandesmenschen möchte ich die Einhörner gern auf diese Weise aus der »Esoterikecke« herausholen. Sie sind viel mehr als nur Märchengestalten.

Im zweiten Teil möchte ich meinen Lesern die energetische, lichtvolle Seite dieser Wesen näherbringen. Hier kommt die Sprache des Herzens und der Seele zu Wort, denn Einhörner sind wundervolle Impulsgeber für deine Gefühle und deine Fantasie.

Beide Seiten werde ich sowohl logisch als auch emotional beleuchten, damit du dir dein eigenes Bild machen kannst.

Mein Tipp:
Beginne mit dem Teil, der dir lieber ist und der dich zuerst anspricht. Schaue in das Inhaltsverzeichnis, und fühle, was jetzt im Moment am besten zu dir passt.

Die Einhörner kamen als energetische Wesenheiten zu mir, als ich den Weg meiner Seele vor vielen Jahren ganz bewusst begann. Gemeinsam mit der Energie der Engel begleiten sie mich schon viele Jahre und schenken mir immer wieder neue Impulse und Ideen, wie ich mein Leben noch schöner und bunter gestalten kann. Sie gaben mir wichtige Botschaften und sind tief in meinem Sein verankert. Ich bin in Liebe mit ihnen verbunden, fühle sie und male sie in der Gestalt, die ohne Worte für jeden erkennbar ist: als Pferd mit Horn. Und doch ist dieses Bild nur ein Symbol für diese Lichtwesen, die im Grunde reine, freie Energie sind. Ich spüre ihre Botschaften, die sie mir für die Menschen übermitteln und die ich – besonders für dieses Buch – in Worte fassen darf. Man kann es »Channeling« nennen, denn ich bin ein Medium für die Weisheiten dieser wundervollen Energie, die sich mit so viel Liebe zeigt. Es ist mir eine große Ehre, die ich mit Dankbarkeit und Demut annehme. Es macht mir sehr viel Spaß, auf diese Weise dem Wohle der Seelen und der Erde zu dienen.

Nun wünsche ich dir viel Freude dabei, für dich zu entdecken, was Einhörner sind und wie sie deinen Weg begleiten können.

Die Historie der Einhörner

Die Forschung und Recherche über den beinahe weltumspannenden Mythos des Einhorns hat seit Jahrtausenden schon viele Wissenschaftler und Gelehrte inspiriert – und manchmal auch verzweifeln lassen. Verfolgt man das Phänomen des Einhorns durch die Menschheitsgeschichte, so kann man Erstaunliches über die Entwicklung der menschlichen Kultur und die Denkweise unserer Ahnen erfahren.

Eine umfassende Abhandlung über das Wesen des Einhorns würde viele Bände füllen. Ich möchte hier einen kleinen Ausschnitt in zusammengefasster Form vorstellen. Ausführliche Abhandlungen mit unterschiedlichen Schwerpunkten finden sich in einigen bemerkenswerten Werken (siehe »Weiterführende Literatur«) und auch im Internet.

Das Einhorn als geheimnisvolles Tier und mystisches Symbol

Zur Einleitung in den historischen Teil meines Buches möchte ich aufführen, was die Menschen seit vielen Generationen mit den »Wundertieren« in Verbindung gebracht haben. Weil sich viele verschiedene Fabeln, Epen, Mythen und Märchen auf der ganzen Welt finden lassen, in denen das Einhorn vorkommt, variieren die ihm zugesprochenen Fähigkeiten sehr.

Im Altertum wurde das Einhorn mit Macht, Wohlstand und Kraft gleichgesetzt. Es galt als so wertvoll und stark, dass es sogar als Gleichnis für die Königswürde und die Größe Gottes herangezogen wurde.

In vielen Geschichten schützte es als von den Göttern erschaffene Gestalt die Natur und bewahrte die Tiere vor menschlichen Jägern. Es besaß große Würde, war unzähmbar und kämpferisch. Oft wurde es als sehr menschenscheu dargestellt. Nur die Schönheit und Erotik einer erfahrenen, klugen Frau oder die Reinheit einer zarten Jungfrau konnten es zähmen, sodass es entweder zum Menschen wurde oder gefangen und sogar getötet werden konnte.

Später, kurz nach Beginn unserer Zeitrechnung, mit dem Aufleben des christlichen Glaubens im Mittelmeerraum, wandelte sich die Symbolik immer stärker von Kraft und Macht hin zu Reinheit und Schönheit. Wurde das Einhorn in der Bibel anfangs als Allegorie für Gottes Allmacht verwendet, ging dieser Vergleich etwas später auf seinen Sohn Jesus Christus über. So wurde mit der Zeit aus dem wilden, großen Wesen, das schon vor über 4 000 Jahren meistens als Rind oder Esel dargestellt wurde, ein kleines, weißes Zicklein, das sich in den Schoß der Jungfrau Maria kuschelt und dort einschläft. Als Gleichnis für Christus wurden ihm Demut, Milde und Sanftheit zugesprochen.

Im Laufe vieler Jahrhunderte, in denen die christliche Kirche dieses ursprüngliche, archaische Bild verwandelte, wurde es in der westlichen Welt zu einem romantischen Motiv für alle Arten von Künstlern. Im Mittelalter wurde ihm in Europa bereits ein so hoher Wert beigemessen, dass sein Horn als eines der teuersten Objekte seiner Zeit gehandelt wurde. Es galt in Kirchenkreisen als Reliquie, denn es war ein Symbol für Gott und seinen Sohn.

Gleichzeitig wurde das Horn in der Medizin verwendet, weil es Heilkräfte besitzen sollte.

So wurden dem Einhorn vom Mittelalter bis in unsere Neuzeit immer weitere interessante Aspekte angedichtet:

Es ist von so großer Reinheit und Schönheit, dass es hartherzige Menschen zum Weinen bringt. Das Einhorn lebt in seinem Wald, und alle Wesen, die mit ihm darin leben, werden von ihm beschützt. Es ist unsterblich, solange es seinen Wald nicht verlässt. Außerhalb des Waldes, in dem immer Frühling herrscht und alle Pflanzen und Tiere größer und schöner sind als andernorts, kann es getötet werden.

Trinkt man das Blut eines Einhorns, wird man unsterblich, führte jedoch ein verfluchtes, unglückliches Leben. Das Einhorn kann verwüstetes, karges Land durch seine pure Anwesenheit wieder zum Erblühen bringen. Die Tränen eines Einhorns sollen Versteinerungen lösen. Sein Horn ist magisch. Es kann heilen und selbst Tote erwecken.

Seine Unschuld, Sanftmut und Magie wurden in zahllosen Minneliedern, Märchen und Fabeln beschrieben und besungen.
Dank dieser vielen unterschiedlichen Eigenschaften wurde und wird es auf der ganzen Welt geliebt, gesucht und gejagt. In vielen Ländern rund um den Globus wird es seit Jahrhunderten als Wappentier verwendet. Dies zeigt die große Wertschätzung der Menschen, die sich mit seinen Attributen schmücken wollen.

Wie das Einhorn in den Köpfen und Herzen der Menschen zu all diesen schönen, interessanten und manchmal auch haarsträubenden Eigenschaften kommen konnte, möchte ich in den folgenden Kapiteln näher erläutern.

Mögliche Quellen und die Wandlung des Mythos vom Einhorn

In verschiedenen uralten Überlieferungen großer Dichtungen, vor allem aus Indien und Mesopotamien, finden sich Geschöpfe, die verschiedene Aspekte des heute bekannten Einhorns zeigen. Einige große Epen[1] berichten in unterschiedlichen Abwandlungen von einem urtümlichen Mann, der mehr Tier als Mensch war, wild unter den Tieren lebte und sie beschützte. Damit die Jäger Beute machen konnten, überlisteten sie diese wilde Kreatur, indem sie ihn von einer schönen Frau verführen ließen. Als das Wesen dadurch schließlich vollends zum Menschen geworden war, flohen die Tiere vor ihm und konnten erlegt werden.

Beide Geschichten entstanden in ihrem Ursprung im 4. Jahrtausend v. Chr. und finden sich in immer neuer Form in zahlreichen Ländern wieder. Sie dienten vermutlich als Grundlage für die These, dass Einhörner nur von Frauen bzw. später von Jungfrauen gezähmt werden können.

Ein Einhorn taucht ungefähr 600 v. Chr. auch in den heiligen persischen »Avesta«-Schriften auf. Dort wird es als ein riesiges, heiliges Tier beschrieben, das das ganze Wasser der Welt vom Übel reinigt.

Vermutlich stammt ein Teil des Mythos auch aus dem chinesischen Reich. Dort wurde von einem Herrscher der Han-Dynastie (kurz vor oder nach Beginn unserer Zeitrechnung) ein reinweißes Qi Lin (auch Qilin genannt) im Garten des königlichen Palastes gesehen.[2]

In der Ming-Dynastie wurde das Tier mit einem Drachenkopf

---

1 Die indische »Mahabharata« kennt Risyasringa, den Mann mit dem Horn auf der Stirn; das mesopotamische »Gilgamesch-Epos« kennt Enkidu, einen von den Göttern geschaffenen Menschen, der die Tiere hütet und später Gilgameschs Freund wird.
2 Nigel Suckling: »Unicorns« (2. März 2007)

dargestellt, der Flammenornamente trug. Es hatte Ochsenhufe sowie Fisch- bzw. Drachenschuppen. In der Qing-Dynastie kamen ein Hirschgeweih, ein Löwenschwanz und der Bart eines Karpfens hinzu. Statuen dieses mystischen Tieres ähneln im Körperbau eher einem Nashorn als einem pferdeähnlichen Wesen.

Dem Qilin wird eine friedliche Natur nachgesagt. Es soll ausschließlich Pflanzen fressen und niemals das Gras zertrampeln, über das es läuft.

Das Erscheinen eines Qilins galt in früheren Zeiten als Zeichen für die Ankunft eines weisen Herrschers. In der chinesischen Mythologie ist es außerdem Diener des gerechten Richters Gao Yao, der wiederum dem idealen Kaiser Yao dient. Sünder wurden stets durch das Horn des Qilin niedergestreckt. Das Qilin gilt allgemein als Symbol für Glück, Friedfertigkeit, Gerechtigkeit und Kindersegen. In der Qing-Dynastie zierte es die Roben der Offiziere der ersten Rangklasse. Nach der Lehre des Feng Shui werden Qilins gern paarweise im Haus oder vor Toren aufgestellt.

Aus dem chinesischen Qilin entstand in Japan das Kirin, das mehr Ähnlichkeit mit einem eleganten Hirsch hatte, dessen Wortstamm es auch im Namen trägt. Auch das Kirin trug ein Horn auf seiner Stirn. Im heutigen Japanisch wird das Wort Kirin für Giraffe verwendet.

Äußerlich zeigen die Fabelwesen in dieser frühen Menschheitsgeschichte noch keinerlei Ähnlichkeiten mit dem wundervollen, weißen Geschöpf, das heutzutage als Einhorn bezeichnet wird. Vielmehr vermengten sich seit dem ersten Auftauchen dieses Mythos in dem riesigen Gebiet zwischen China, Indien, Nordafrika und Europa so viele Geschichten ständig neu, dass jede Zeit ihre eigene Vorstellung von Einhörnern hatte und noch heute hat.

»Die Vorstellung von einhörnigen Tieren oder zumindest von anscheinend einhörnigen Tieren war lange vor Christi Geburt verbreitet. In einigen Kulturen spielten bildhafte Darstellungen von Einhörnern eine wichtige, herausragende Rolle im täglichen Leben; sie waren wahrscheinlich verknüpft mit der Vorstellung von Macht.«[3]

Im Altertum wurden Tiere oft im Profil dargestellt. Weil in dieser Perspektive doppelt gehörnte Tiere oft mit nur einem Horn gezeigt wurden, war dies eine sehr einfache Möglichkeit, daraus auf die Existenz von Einhörnern zu schließen. Auf antiken Funden von Tonsiegeln wurden viele solcher Darstellungen von Rindern im Profil mit nur einem Horn geborgen, die wahrscheinlich im Industal (Indien/Pakistan) ihren Ursprung haben. Siegel wurden von reichen Kaufleuten verwendet, um ihre Waren zu kennzeichnen. Jeder Kaufmann hatte sein eigenes Symbol. Vom Industal aus wurden Waren mit diesen Siegeln einhörniger Tiere in viele, weit entfernte Länder transportiert. Weil

3 C. Lavers, »Das Einhorn«, Verlag Lambert Schneider, 2010

Siegel immer Zeichen von Wohlstand und Macht waren, lag es nahe, diese »Einhörner« mit eben diesen Attributen zu verbinden.

Eine weitere Tatsache hat zur Entstehung der Sage um das Einhorn beigetragen: Seit Jahrtausenden wissen Hirten und Nomaden auf der ganzen Welt, wie man durch einfache chirurgische Eingriffe die Hörner von Rindern, Ziegen und Schafen verformen kann. Einige Stämme formten durch Einschnitte in die sich ausbildenden Hornknospen aus einem Horn gleich mehrere, die sie sogar in beliebige Richtungen zwingen konnten. In anderen Fällen wurden die Hornknospen von wenige Tage alten Tieren so versetzt, dass sich daraus ein einziges Horn auf der Mitte der Stirn bildete. Auf diese Weise wurde in vielen Ländern das überaus wertvolle Leittier der Herde gekennzeichnet. Es ist mittlerweile erwiesen, dass einhörnige Tiere automatisch die ranghöchste Stellung einnehmen, weil sie mit einem Horn viel wehrhafter und furchteinflößender sind als ihre zweihörnigen Artgenossen. Auch daher rührt die Verbindung zu Attributen wie Macht und gehobener Stellung, die dem Einhorn zugesprochen werden.

Die Technik der Hornmanipulation war bis ins 19. Jahrhundert in Europa und Amerika in Vergessenheit geraten und weitestgehend unbekannt, wurde dann jedoch eingehend erforscht. Im Jahr 1933 machte W. Franklin Dove, Biologe an der University of Maine, ein dokumentarisch belegtes Experiment. Er versetzte die Hornknospen eines neugeborenen Stiers von den Seiten auf die Mitte der Stirn. Mit der Zeit verschmolzen sie zu einem einzigen, dicken Horn. Es gibt mehrere Fotos, die dieses Experiment belegen. Als in der Öffentlichkeit bekannt wurde, wie es möglich ist, Einhörner operativ zu »produzieren«, tauchten in Zirkussen und auf Festivals immer wieder verschiedene Tiere auf – meistens weiße Ziegen –, die tatsächlich wie kleine Einhörner aussahen.

Einen weiteren mythischen Ursprung hat das Einhorn in der griechischen Mythologie (ca. ab 800 v. Chr.). Zeus schlug der Ziege Almathea, die ihn gesäugt hatte, ein Horn ab. Um den Stolz und das Edle des so entstandenen einhörnigen Tieres zu verdeutlichen, gab man ihm den Körper eines Pferdes. Die für ein Pferd untypischen gespaltenen Hufe und der Ziegenbart, mit denen das Einhorn häufig dargestellt wurde, sind daher ebenfalls auf die griechische Mythologie zurückzuführen.

Auch in der isländischen »Edda«, einer großen Sammlung altnordischer Helden- und Götterlieder aus dem 13. Jahrhundert, finden sich neben Drachen und anderen mythologischen Geschöpfen auch Einhörner.

Die ersten schriftlichen, naturwissenschaftlichen Zeugnisse

Eine der ersten naturwissenschaftlichen Aufzeichnungen eines Einhorns stammt von dem Griechen Ktesias, der um 400 v. Chr. als hoch angesehener Arzt und Gelehrter am persischen Hof arbeitete. Neben seinem Dienst für den König erstellte er eine umfangreiche Sammlung aller Informationen, derer er habhaft werden konnte. So entstand sein Werk »Indika«, eine Mischung aus der Geografie des Ostens, der Zoologie, der Botanik, der Medizin und der Anthropologie (Menschenkunde).[4] Es diente als Grundlage vieler späterer Forschungen und Abhandlungen berühmter Gelehrter – bis in die Neuzeit.

In seiner Schrift »Indika« sammelte Ktesias einerseits von ihm selbst untersuchte Bereiche und Fachgebiete, andererseits no-

4   C. Lavers, »Das Einhorn«, Verlag Lambert Schneider, 2010

tierte er auch vieles, was er von Reisenden aus aller Welt hörte. Vermutlich nahm er nur Berichte von vertrauenswürdigen Menschen auf, doch auch diese trugen ihm oft nur zu, was sie selbst einmal gehört, doch nie mit eigenen Augen gesehen hatten. Weil durch dieses »Stille-Post-Prinzip« viele merkwürdige Geschöpfe und Geschichten in Ktesias' Indika auftauchten, hielt man ihn in der Moderne oft für fragwürdig. Dabei war wahrscheinlich sein Wissensdurst einfach nur unersättlich und sein Wunsch groß, die Welt zu verstehen.

So kam es auch, dass ihm von Händlern und Reisenden aus Indien von einem Tier berichtet wurde, das »indischer Esel« genannt wurde. Dieser Esel soll ein rotes Fell mit weißem Bauch gehabt haben und auffällig groß, sehr wild und nicht zu zähmen gewesen sein. Zudem soll er auf seiner Stirn ein einziges, sehr langes Horn getragen haben, eine schreckliche Stimme, die Füße eines Elefanten und den Schwanz eines Löwen besessen haben. Ktesias erhielt sogar einige Knochen dieses Tieres und natürlich ein Horn.

Seit jener Zeit wurde die Beschreibung des Ktesias von vielen hochrangigen Philosophen und Gelehrten in eigene Berichte und Wissenssammlungen aufgenommen. Der »indische Esel« galt als ein lebendes Tier, das im Hochland Indiens zu finden war.

Heutige Wissenschaftler haben, aufbauend auf jahrhundertelangen Forschungen von Kollegen, neue Thesen aufgestellt: Der indische gehörnte Wildesel ist vermutlich eine fantasievolle Mischung aus dem Chiru, der tibetischen Antilope, dem Kiang, dem größten aller Wildesel, der ebenfalls in Tibet beheimatet ist, und dem großen, freilebenden Yak, dem tibetischen Hochlandrind. Außerdem fließt mit den Elefantenfüßen auch das kleine indische Nashorn in diese Fantasiegestalt mit ein. Durch das

Prinzip der »stillen Post« und die vielen Geschichten aus Tibet wurde so aus vier verschiedenen Tieren ein einziges.

Niemand bezweifelte seine Existenz, obwohl kein einziges Exemplar je gefangen wurde.

Basierend auf den Berichten von Ktesias nahmen auch nachfolgende, berühmte Wissenschaftler den »indischen Esel« in ihre Abhandlungen auf und versahen ihn nach und nach mit neuen Namen.

In seiner »Geschichte der Tiere« erwähnt der große griechische Gelehrte Aristoteles (384–322 v. Chr.) den indischen Esel als einhufig und einhörnig. Weil seine wissenschaftliche Arbeit allgemein hoch geschätzt wurde, bauten zahlreiche andere Wissenschaftler der Antike auf seinen Erkenntnissen auf.

Die erste schriftliche Erwähnung als »Einhorn« findet sich in der römischen Enzyklopädie »Naturgeschichte« von Plinius dem Älteren (23–79 n. Chr.). Auch dieser Gelehrte hatte mit seiner umfangreichen Wissenssammlung noch jahrhundertelang Einfluss auf nachfolgende Generationen von Forschern.

In der römischen Schrift »De natura animalium« (Über die Natur der Tiere) von Aelian (Claudius Aelianus, 170–235 n. Chr.) finden sich viele weitere, interessante Informationen über das »Cartazonus«, wie das Einhorn im Lateinischen auch genannt wird.
Und so setzte sich das Einhorn in den Köpfen der Menschen als biologische Tierart durch und wurde in allen großen Abhandlungen bis weit ins Mittelalter hin beschrieben.

Eine andere Theorie geht davon aus, dass in der Antike römische Expeditionen während der Eroberungsfeldzüge in Afrika auf Nashörner getroffen sind. Weil diese ja nur ein Horn auf der Nase hatten, wurden sie »unicornus« (lat. Einhorn) genannt. Weil man in Europa keine Nashörner kannte, wurden sie so beschrieben: »Sie sind so schnell wie Pferde und haben ein Horn auf der Nase.« Auch aus dieser Richtung verweben sich die verschiedenen Berichte um ein weiteres Tier, das Pate für unser heutiges Bild vom Einhorn gestanden haben könnte.

Eine weitere prominente Belegstelle für das Einhorn in der Literatur ist auch Gaius Julius Caesars »De Bello Gallico«. Hier heißt es in Buch VI, Kapitel 26 zu besonderen Tieren in dem germanischen »Hercynischen Wald«:

»Es gibt dort ein Rind von der Gestalt eines Hirsches. Mitten aus seiner Stirn ragt zwischen den Ohren ein einziges Horn hervor, höher und grader als die sonst bekannten Hörner.«

Das Einhorn in der Bibel

Etwa ein Jahrhundert, nachdem Ktesias den »Indika« geschrieben hatte, wurde begonnen, die Bibel der Juden ins Griechische zu übersetzen. Dies war damals eine der geläufigsten Sprache. Viele Juden wanderten in anderssprachige Länder rund um das Mittelmeer aus, was Übersetzungen auf Dauer notwendig machte.

Der ägyptische König Ptolemäus II. (308–246 v. Chr.) wollte diese Übersetzung zudem in die großartige Bibliothek von Alexandria aufnehmen und bat alle zwölf Stämme der Juden, ihm jeweils sieben Gelehrte zu senden. Sie wurden später die »Septuaginta« genannt. Diese Gelehrten nahmen nun in Ägypten ihre Arbeit auf.

Das Alte Testament, das etwa von 1400 bis 400 v. Chr. niedergeschrieben wurde, berichtet von einem Tier namens »Reem«.

Als nun die Gelehrten etwa 300 v. Chr. begannen, die heiligen Worte aus dem Hebräischen ins Griechische zu übersetzen, fanden sie kein lebendes Tier mehr mit diesem Namen, an das man sich erinnerte.

In vielen Psalmen[5] und anderen Textstellen[6] wurde das Reem als Vergleich für die Größe und Kraft Gottes herangezogen. Somit ist es eines der wichtigsten biblischen Geschöpfe. Doch es musste ein lebendiges Tier gemeint sein, weil es in vielen Einzelheiten, etwa als groß, stark, gehört und unzähmbar, beschrieben wurde, also ähnlich wie andere Tiere dieser Zeit, z. B. Stiere oder Ziegen.

Nun suchten die Griechen nach einem Wort, mit dem sie »Reem« übersetzen konnten. Viele damals bekannte Tiere schieden aus, weil sie entweder der Großartigkeit Gottes nicht gerecht wurden oder schlicht anders beschrieben wurden. Weil im ursprünglichen Alten Testament immer wieder das Horn (Einzahl) erwähnt wurde, nahmen sie schlicht das griechische Wort »Monókeros« (griech. Einhorn) zu Hilfe, weil dieses im »Indika« von Ktesias und der »Geschichte der Tiere« von Aristoteles erwähnt wurde.

Im Laufe der nächsten zwei Jahrtausende, in denen das Christentum zu einer der größten Religionen der Menschheit heranwuchs, wurde das Einhorn zu einem festen Bestandteil der Geschichte. Von Anfang an wurde darüber diskutiert, welches Tier sich hinter dem »Unicornus« (lat. Einhorn) verbarg. Der indische Esel von Ktesias war nur eines von vielen Tieren, die dahinter vermutet wurden. Es ist am wahrscheinlichsten, dass die Schöpfer des Alten Testaments den Wildstier oder den damals noch lebenden

---

5 Zum Beispiel Psalm 22,22: »Hilf mir aus dem Rachen des Löwen und errette mich von den Einhörnern!«
6 Hiob 39,9–12: »Meinst du, das Einhorn werde dir dienen und werde bleiben an deiner Krippe? / Kannst du ihm dein Seil anknüpfen, die Furchen zu machen, dass es hinter dir brache in Tälern? ...«

Auerochsen meinten. Dieses gewaltige Tier, das in Mesopotamien, der Geburtsstätte des Judentums, seit Jahrtausenden verehrt wurde, entstammte der letzten Eiszeit und lebte überall in Eurasien. Aus ihm entstand im Laufe der Zeit durch Domestizierung das heutige Hausrind. Die Urform jedoch war sehr viel größer und sehr gefährlich. Wenn der Auerochse auch zwei Hörner hatte, so wurde er jedoch vermutlich allein wegen seiner gewaltigen Kraft als Sinnbild der Macht Gottes herangezogen. Alles andere entstand schlicht aus poetischer und romantischer Umschreibung.

Die Geschichte des Einhorns in der Bibel erfuhr mit dem Neuen Testament noch eine Erweiterung. Um die umfassenden historischen Hintergründe dieser Zeit zu verstehen, bedarf es eines intensiven Studiums. Doch einfach ausgedrückt, wurde die Bibel zu einem großen Politikum zwischen Christen und Juden. Die neue Kirche suchte intensiv nach Wegen, aus einem menschlichen Propheten, der durch die Welt wanderte und Liebe predigte, einen unsterblichen Gottessohn zu machen. Die Bibel war über

die historischen Beschreibungen des Lebens Jesu hinaus eine Sammlung von Gleichnissen, die einen strengen Verhaltenskodex vorschrieben. Die Gläubigen sollten daraus lernen, sich an die Regeln der Kirche zu halten.

So wurde unter anderem aus dem Einhorn mit der Zeit ein wichtiges und vielschichtiges Gleichnis für Christus. Es wurde gleichzeitig als machtvoll und zornig, dann wieder als sanftmütig beschrieben. Durch unglaubliche Interpretationskapriolen wurde dieses Tier zum Sinnbild der größten Leitfigur seiner Zeit – bis heute. Allerdings wurde in der deutschen Einheitsübersetzung von 1980[7] das Wort »Einhorn« durchgehend durch »Wildstier« oder »Büffel« ersetzt.

Über eine Reihe von schriftlichen Abhandlungen lässt sich verfolgen, wie das Einhorn immer deutlicher in der Menschheitsgeschichte zum Sinnbild vieler Tugenden wird. Die christliche Kirche missionierte, ausgehend von Italien, die gesamte damals erreichbare Welt. Sie stützte sich dabei auf Thesen, Gleichnisse und Interpretationen einer Epoche, deren wissenschaftliche Seite vor allem auf den Erkenntnissen der Griechen beruhte. Doch das Christentum wollte die Welt nicht mit Wissen erobern, sondern den eigenen moralischen Kodex durchsetzen.

Gott galt als der unantastbare Schöpfer. Alles war ihm untergeordnet. Alles diente ihm. Gläubige Christen wandelten stets auf schmalen Pfaden, neben denen der Abgrund zur Hölle lag. Das Einhorn war ein Leuchtfeuer in dieser Zeit. Es symbolisierte alle Tugenden Christi. Es richtete die Sünder, zeigte sich liebevoll und sanftmütig jenen, die sich an den Kodex hielten, und erlöste die Welt durch seine Reinheit. Von dieser Interpretation war es nicht mehr weit zu dem Bild, das wir heute noch kennen. Denn Christus

7 »Die Bibel. Altes und Neues Testament. Einheitsübersetzung«, Stuttgart 2011, 1. Aufl. 1980

wurde von Maria geboren, die ihn ohne jedes Zutun eines Mannes empfangen hatte. Auch Maria wurde aus einem sterblichen Leben in den Stand der »Mutter Gottes« emporgehoben.

Das Einhorn und die Jungfrau

Im späten 2. Jahrhundert erschien eine Sammlung von Tiergeschichten, die zu ihrer Zeit ähnlich einflussreich war wie die neue Bibel: der »Physiologus«, dessen Autor unbekannt ist. Diese Geschichten beschreiben alle bekannten Tiere und ergänzen die objektiven Beschreibungen um moralische Lehren. Die ganze Schöpfungsgeschichte diente demnach den Menschen nur als Vorbild, um Gott zu preisen, Keuschheit zu wahren und sich an die Anordnungen der Oberen zu halten.

Auch das Einhorn wird darin erwähnt. In der ersten Übersetzung ins Syrische wird das Tier mit einem Horn noch »Dajja« genannt. Offensichtlich gab es um 300 n. Chr. eine Geschichte von diesem gehörnten Tier, das äußerst sanftmütig, aber aufgrund seiner enormen Stärke nicht zu fangen war. Als List setzten die Jäger eine reine, keusche Jungfrau ein, die das Tier anlocken sollte (hier gibt es deutliche Parallelen zu den alten indischen und mesopotamischen Epen, die im Kapitel » Mögliche Quellen für den Mythos des Einhorns« beschrieben werden). Im »Physiologus« wird diese Jungfrau mit Jesu Mutter Maria gleichgesetzt, was fortan zu weiteren interessanten Zusammenhängen in der religiösen Bedeutung des Einhorns führte.

Der »Phyiologus« hatte viele Übersetzer und Nachfolger, unter anderem das lateinische »Bestiarium«, das im Mittelalter als zoologische Wissensquelle diente. Im »Bestiarium« wird das Einhorn folgendermaßen beschrieben:

»Das Einhorn, das von den Griechen auch Rhinozeros genannt wird, weist folgende Eigenarten auf. Es ist ein sehr kleines Tier, einem Zicklein ähnlich,[8] äußerst schnell, mit einem Horn mitten auf seiner Stirn, und kein Jäger vermag es zu erlegen. Aber es kann mithilfe folgender List gefangen werden.

Man führt eine reine Jungfrau dorthin, wo es sich zu verbergen pflegt, und von dort aus geht sie von sich aus weiter in den Wald. Sobald es sie sieht, legt es sich in ihren Schoß und drängt zu ihr hin. Und dabei lässt es sich fangen.«

Nun die Moral von der Geschichte:

»Auch unser Herr Jesus Christus ist ein Einhorn, über das gesagt wird: ›Und er wurde geliebt wie der Sohn der Einhörner.‹ Und in einem anderen Psalm heißt es: ›Er hat aufwachsen lassen ein Horn der Erlösung für uns im Hause seines Sohnes David.‹

Die Tatsache, dass es ein Horn genau auf seinem Kopf hat, bedeutet das, was er selbst sagt: ›Das Haupt Christi ist der Herr.‹ Wenn es heißt, es sei sehr schnell, bedeutet das, dass weder Kräfte noch Mächte, noch Throne, noch Herrschaften mit ihm haben mithalten können, dass auch die Hölle ihn nicht hat halten und auch der hinterhältigste Teufel ihn nicht hat fassen oder ergreifen können. Aber allein nach dem Willen des Vaters kam er herab in den Schoß der Jungfrau um unseres Heiles willen.

Es wird beschrieben als ein kleines Tier nach dem Zeugnis

8 Im Bestiarium wird einmal das kleine »Unicornis« erwähnt und auch das »Monoceros« – beides bedeutet »Einhorn«. Das Monoceros ist groß und ähnelt eher dem von Ktesias beschriebenen Tier.

über die Ärmlichkeit der Menschwerdung Jesu, wie er selbst sagt: ›Lerne von mir, weil ich mild bin und demütig im Herzen.‹

Es ist gleich einem Zicklein oder Sündenbock, weil der Erlöser selbst die Gestalt des sündigen Fleisches annahm und in sündigem Leib die Sünde verurteilte.

Das Einhorn kämpft oft mit Elefanten, und es überwindet sie, indem es ihrem Bauch Wunden beibringt.«[9]

Als Grundlage für die Verbindung zwischen Einhorn und Jungfrau diente neben den anfangs erwähnten indischen und mesopotamischen Epen wohl auch eine alte vorchristliche Initiationsgeschichte[10], die in sehr vielen Ländern Bestandteil des Lebens war. Das wilde Wesen mit dem (phallischen) Horn wurde vermutlich als Synonym für die ungestüme, wilde, erwachende Männlichkeit genutzt, die nur von einer Frau besänftigt werden kann. Über die Jahrhunderte wurden die uralten Geschichten, die sich über den ganzen Kontinent verbreitet hatten – vielfach als heidnische Gleichnisse mit vielen Bezügen zur Natur und dem Leben der Menschen – zu einem Sinnbild für das Leben und den Tod Jesu.

Auch in der muslimischen Welt gibt es das Einhorn, das ebenfalls sehr oft von einer Jungfrau »verführt« wird und viele außergewöhnliche Fähigkeiten besitzt. Hier wird es in verschiedenen Landesregionen mit unterschiedlichen Namen bezeichnet, unter anderem als Karkadann, Harish, Shadhahvar und Bulan.[11]

Viele heidnische Bräuche und Geschichten fanden im Laufe der christlichen Missionierung Einzug in die neue, nun weltumspannende Religion. Es war ein einfacher Weg, die Menschen von der Größe des christlichen Gottes zu überzeugen, indem einfach

---

9 Odell Shepard, »The Lore of the Unicorn«, London 1930
10 Initiation bedeutet in diesem Falle die Einweihung in einen neuen Seinszustand – vom Kind zum Mann. Dieser Übergang wurde früher als wichtiges Fest gefeiert.
11 Richard Ettinghausen, »The Unicorn«, Washington 1950

alte Gebräuche auf ihn zurückgeführt und mit den neuen Idealen verbunden wurden. Viele alte Feste haben auf diese Weise die Festtage der ursprünglichen Kirche ergänzt (z. B. entstand Ostern aus dem jüdischen Passahfest in Verbindung mit dem keltischen Frühlingsfest der Göttin Osteria).

Etwa ab 1000 n. Chr. beginnt sich die Geschichte des Einhorns in ihrem kirchlichen Zusammenhang zu verselbstständigen. Immer deutlicher wird in den Bildern die Jungfrau zu Maria, Jesu Mutter. Durch sie wurde Jesus, dargestellt als Einhorn, geboren. Maria erhält weitere Zeichen ihrer Göttlichkeit in Form des blauen Mantels, eines Heiligenscheins und verschiedener anderer Schmuckelemente.

Im Lauf der Zeit ergänzen immer mehr Figuren die Szenen: Erzengel Gabriel als Verkünder der unbefleckten Empfängnis, Gott als Vater von Jesus und später auch die Jäger, die über einen großen Umweg zurück in die Geschichte finden.

Auf diese Weise wird die einfache Erläuterung in einer Sammlung von Tiergeschichten zu einer der komplexesten christlichen Bildgeschichten.

Das Bild von Jungfrau und Einhorn ist als äußerst beliebtes religiös-romantisches Motiv von allen Formen der Kunst aufgenommen worden. Besonders im Mittelalter konnte man sich an einer Vielzahl von Bildern, Liedern, Geschichten und Wandteppichen erfreuen. Eines der berühmtesten Werke sind die Wandteppiche von Verteuil aus der Zeit um 1500. Sie erzählen von der Jagd auf das Einhorn mithilfe einer Jungfrau. Viele Wissenschaftler haben sie erforscht und ihre Motive entschlüsselt. Man kann sie heute noch im Museum bewundern.

Erst mit den Richtlinien für christliche Kunst des Konzils von Trient (1545–1563) verlor die Allegorie des Einhorns an Beliebtheit. Für die moralisierende Kirche war das Motiv in seiner Zweideutigkeit zu anstößig geworden. Zwar ist es seitdem als Bild größtenteils aus den Kirchen verschwunden, doch die Menschen haben die Geschichten nie vergessen.

Der Einhornforscher Professor Chris Lavers von der Universität Nottingham in England hat in seinem Buch »Das Einhorn – Natur, Mythos, Geschichte« (siehe Buchtipps) etwas Wesentliches auf den Punkt gebracht:
»Wie seltsam, wunderbar und menschlich ist es, dass die ganze Komplexität und Raffinesse der Einhornkunst zurückgeht auf das falsche Verständnis eines einzigen Wortes, eine Verwechselung, die aus einem gewöhnlichen Ochsen mit zwei Hörnern ein Tier mit nur einem Horn werden ließ, bei dem nie klar war, zu welcher Art es eigentlich gehört.«

Das Geschäft mit dem Einhorn

Im Mittelalter fand die Geschichte von den ungewöhnlichen Heilwirkungen des Einhorns in Europa ihre größte Verbreitung. Unter anderem wurde sie durch Berichte aus der arabischen Welt bestärkt. Im Zuge der islamischen Eroberungen um 700 n. Chr. gelangten die umfassenden und vielfältigen wissenschaftlichen Erkenntnisse der Araber nach Südeuropa. Die moslemischen Besetzer brachten auch Übersetzungen der großen Wissenschaftler und Philosophen der Antike mit. Von Südeuropa aus wurden die geistigen Erkenntnisse der moslemischen Gelehrten weiter nach Norden verbreitet. Vor allem von den medizinischen Abhandlungen profitierte der Westen. Unter den zahlreichen wissenschaftlichen Traktaten, die damals kursierten, müssen auch Rezepturen unter Verwendungen von Bestandteilen des Einhorns existiert haben. Wahrscheinlich kam es bei der Auslegung dieser Abhandlungen zu Vermischungen mit verschiedenen Tierarten, unter anderem mit dem Nashorn und einigen anderen Tieren, deren Hörner und Knochen heilsame Wirkung zeigen sollten. Sie alle ausführlich aufzuschlüsseln, würde den Rahmen dieses Buches sprengen.

Sogar Hildegard von Bingen (1098–1179) beschrieb in ihren Schriften »Physica« Heilrezepturen, die auf Körperteilen des Einhorns basierten. Unter anderem könne man aus seiner Leber eine Salbe gegen Lepra herstellen, aus der Haut könne man Gürtel anfertigen, die den Menschen vor jeder schweren Krankheit bewahrten, und aus den Hufen wären Schuhe anzufertigen, die vor Fuß- und Gelenkleiden und Seuchen schützten. Hildegard von Bingen war eine belesene Frau und verfügte über großes Wissen. Ihr muss das Einhorn als Tier vollkommen geläufig gewesen sein, selbst wenn sie es nie selbst zu Gesicht bekommen hatte.

Auch andere mittelalterliche Autoren, wie etwa Albertus Magnus (1193–1280) und Konrad von Megenberg (1309–1374), weisen auf die Heilkräfte des Einhorns hin. In dem Tierbuch des Straßburger Arztes Michael Herr (gestorben um 1550) werden neben 60 Wirbeltieren auch Lindwurm, Greif und Einhorn beschrieben. Der Züricher Stadtarzt und Naturkundler Conrad Gesner (1516–1565), der später der Pest zum Opfer fiel, lässt im Band III der »Historia Animalium« seiner Fantasie freien Lauf. Einhornpulver solle man anwenden wider die fallende Sucht, pestilenzisches Fieber, den wütigen Hundebiss und die Würmer im Leib. Als Martin Luther im Sterben lag, wurden ihm zwei Löffel pulverisiertes Einhorn in Wein eingeflößt. Bei Gesner wie auch im »Kreutterbuch« des Frankfurter Stadtphysikus Adam Lonitzer (1527–1586) wird betont, dass das Einhorn hinsichtlich seiner Kostbarkeit dem Gold ebenbürtig ist.[12]

Das Alicorn, das Horn des Einhorns, sollte vor allem vor Vergiftungen schützen – eine häufige Todesursache im frühen Mittelalter. Angeblich fing das Horn in der Nähe von Gift an zu schwitzen und vergiftete Speisen und Getränke begannen zu kochen.
Es gab schließlich die seltsamsten Anwendungsideen, aus denen viele Formen von Medikamenten entstanden. Für das Horn wurden schwindelerregende Summen gezahlt, mit denen man früher ganze Landstriche erwerben konnte. Nur reiche Menschen konnten sich diesen Luxus leisten und sammelten die Hörner, obwohl ihre Wirkung nie nachgewiesen wurde. Als wertvolle Reliquie wurden die Alicorne in Kirchen als Symbole Christi präsentiert.

Das Horn eines Tieres als Alicorn zu verkaufen, war ein äußerst lukratives Geschäft. Weil niemand dieses Wesen genau kannte, wurden verschiedenste Tierarten ihrer Hörner beraubt. Doch das

12 vgl. www.angelseven.de

größte und schönste Horn, das hauptsächlich als Alicorn galt und noch heute in vielen Schlössern und Museen ausgestellt wird, war das des Narwals.

Dieser besondere Wal, der im ganzen Nordmeer verbreitet ist, hat einen Stoßzahn, der in Windungen aus seinem Kiefer wächst. Er kann bis zu drei Meter lang werden. Im Wasser relativiert sich das Gewicht von acht bis zehn Kilo, doch ein Landtier mit einem derart gewaltigen Horn müsste riesig sein, um es auf der Stirn tragen zu können. Das Einhorn wurde zu dieser Zeit jedoch als kleines, ziegenähnliches Geschöpf dargestellt, das viel zu zierlich für einen solchen Kopfschmuck gewesen wäre. Den Menschen im Mittelalter war dies egal, sie kauften mit Begeisterung die herrlichen Hörner, die aus Eurasien, dem Mittelmeerraum und den nordischen Ländern nach Europa kamen, und auch die Medizin, die daraus hergestellt wurde.

Zwar wurde im 17. Jahrhundert festgestellt, um welche Art es sich bei dem hornspendenden Tier handelte, doch der Verkauf von Medizin und Reliquien brachte so viel Profit, dass man dieses Wissen der breiten Masse lieber vorenthielt.

Das Einhorn in der Moderne

Es gibt viele Märchen und Geschichten in der Neuzeit, in denen Einhörner entweder vorkommen oder in denen sie sogar die Hauptrolle spielen:

»Das letzte Einhorn« (USA 1982) ist wohl der bekannteste Einhorntrickfilm des letzten Jahrhunderts. Er entstand aus der Buchvorlage und nach dem Drehbuch von Peter S. Beagle. Die wunderschön gezeichnete Geschichte und die kraftvolle, berührende Filmmusik haben aus diesem Film bereits einen »Bestseller der Herzen« gemacht.

»Legende« ist ein Fantasyfilm mit Tom Cruise, Tom Curry und Mia Sara in den Hauptrollen aus dem Jahr 1985. Hier wird auf sehr romantische, emotionale Weise eine Liebesgeschichte mit dem Kampf um Gut und Böse, um Licht und Schatten verwoben. Die Einhörner in der Form von großen andalusischen Schimmeln sind eine Augenweide, und auch die großartigen Schauspieler erschaffen eine intensive, kraftvolle Atmosphäre.

»Nico, das Einhorn« ist ein Kinderspielfilm (USA/CA 1998), in dem es um einen körperlich behinderten Jungen geht, der ein Einhorn »findet« und viele Abenteuer mit ihm erlebt.

Auch in Michael Endes großartigem Buch und Film **»Die unendliche Geschichte«** kommt das Einhorn vor. Das Buch ist bereits in allen Bereichen der Kunst adaptiert worden (Film, Ballett, Oper etc.), weil es so umfassend das innere Kind und die Fantasie jedes Menschen anspricht.

Auch der große deutsche Dichter Rainer Maria Rilke erwähnt das Einhorn auf vortreffliche Weise:

O dieses ist das Tier, das es nicht giebt.
Sie wußtens nicht und haben jeden Falls
– sein Wandeln, seine Haltung, seinen Hals
bis in des stillen Blickes Licht – geliebt.

aus Rainer Maria Rilke: »Die Sonette an Orpheus«. Zweiter Teil, Vers IV

Das Einhorn – überall

Forscht man heutzutage im Internet, findet man im eine schier unüberschaubare Anzahl von Artikeln rund um Einhörner. Besonders der Buchhandel hat dieses Thema wiederentdeckt: Angefangen bei einfachen bis glitzernden Kinderbüchern über Kinder- und Teenagerbuchserien, Comics und Fantasyromane bis hin zu wissenschaftlichen Abhandlungen wird jedem Geschmack etwas geboten.

Auch die Spielzeugindustrie widmet sich ausgiebig dieser schönen Figur. Ob als Bettwäsche, Wandtattoo, Schmuck, Schlüsselanhänger, Plüschtier oder Keksausstechform – das Einhorn erlebt ein großes Comeback. Es entfacht die Fantasie, verzaubert den Alltag und lässt selbst hartgesottene Menschen wieder träumen.

Das Einhorn ist eine starke Symbolfigur, die mit ihrer langen, abwechslungsreichen Geschichte viele Ebenen des menschlichen Seins anspricht und berührt.

Auch die spirituelle Gemeinschaft findet den Weg zu den Einhörnern. Es gibt bereits die ersten Kartensets und Abhandlungen über die spirituelle Kraft der Einhörner. Außerdem bieten einige Menschen schon Einhornseminare an und sogar Ausbildungen in Heilmethoden, die auf der Kraft des Einhorns beruhen und der körperlichen und geistigen Heilung von Menschen dienen sollen. Auch werden mit dem Einhorn in Verbindung stehende Aura-Essenzen, Amulette und andere Instrumente angeboten, die die persönliche Entwicklung unterstützen sollen.

Ob kitschig, weise oder einfach unterhaltsam – das Einhorn erlebt eine Renaissance im Bewusstsein der Menschen.

Die Einhörner als Lichtwesen

Die Einhörner in ihrer energetischen Form

Einhornenergie in ihrer reinen Form zu erfahren, ist einzig eine Frage der inneren Ausrichtung – wie bei allen Lichtwesen. Für mich sind die Einhörner freie Seelen, die sich vor sehr langer Zeit entschieden haben, diese Erde mit ihrer Weisheit zu unterstützen. Wenn du dein Herz für diese Weisheit öffnen möchtest, kannst du dies auf vielen Wegen tun. Vielleicht hast du schon Erfahrung damit, mit Engeln, aufgestiegenen Meistern oder anderen Lichtwesen Kontakt aufzunehmen. Dann kannst du es auf diese Weise auch mit den Einhörnern tun.

Falls du gerade erst beginnst, dich mit der Welt der Seele zu beschäftigen, möchte ich dir ein paar Ideen dazu schenken:

Stelle dir die Einhörner in der Form vor, wie es für dich am leichtesten ist. Weil sie Wesen aus reiner Energie sind und sich den Kontakt mit uns Menschen wünschen, um uns helfen zu können, freuen sie sich, wenn du ihnen in Gedanken die Form gibst, die dir am besten gefällt. Du kannst ein Bild aus diesem Buch wählen oder eines, das in deinem Herzen entsteht.

Weil sich die Einhörner immer in der Nähe der Seelen dieser Welt aufhalten, brauchst du sie nicht von weit her zu rufen. Ein Gedanke, ein freudiges Willkommen oder eine Bitte reichen, um ihre Aufmerksamkeit zu wecken.

Die Natur der Einhörner ist sehr erhaben und machtvoll, doch sie stellen sich nie über die Seelen, denn menschliche Wertbegriffe oder dem Ego entspringende Motive sind ihnen fremd. Sie existieren außerhalb der Dualität und benötigen keine zusätzliche Energie von dir. Wenn sie dir Antworten oder Ideen schenken, dann geschieht es aus tiefer Liebe und Mitgefühl – frei von Bedingungen oder Erwartungen.

Einhörner in ihrer reinen, energetischen Form sind sehr lichtvoll. Sie schwingen auf einer hohen Frequenz, die deine eigene Schwingung deutlich anheben kann, wenn du das möchtest. Vor allem, wenn du müde und traurig bist oder dich ohnmächtig fühlst, können sie dir helfen, deine Energie wieder aufzufrischen, damit du aus deinen dunklen Gefühlen wieder ans Licht kommen kannst. Es braucht Vertrauen deinerseits, dich diesen Lichtwesen zu öffnen, doch meine persönliche Erfahrung – und die vieler anderer Menschen – ist durchweg positiv. Weil Einhörner nichts von uns Menschen brauchen, besteht keine Gefahr, dass sie dir etwas antun, was dich verletzen kann. Sie sind nur auf der Erde, um zu helfen. Sie übertreten nie die Grenzen des freien Willens. Sie blicken in dein Herz und deine Seele und erkennen deinen ursprünglichen Plan – ähnlich wie die Engel. So wissen sie, welche Erfahrungen wichtig für dich sind und wie sie dir auf deinem Lebensweg am besten helfen können.

Du kannst immer und überall Kontakt zu den Einhörnern aufnehmen. Am schönsten ist der Beginn der »Zusammenarbeit« mitten in der Natur. Weil diese Lichtwesen sehr eng mit dem Herzen der Erde verbunden sind, spürst du sie an kraftvollen, natürlichen Orten besser als in der Stadt. Ihre Reinheit ist in einem schönen Wald oder auf einer hübschen Blumenwiese für ein

Menschenherz leichter zu empfangen, denn dort bist du schon durch den Duft, die Schönheit der Natur und den Kontakt zu den Pflanzen offener. Um anfangs deine Aufmerksamkeit zu erhöhen, ist Stille wichtig. Suche dir einen Platz, an dem du Ruhe hast. Beobachte in dieser Ruhe den Ort, an dem du bist. Lasse alles auf dich wirken und öffne all deine Sinne. Höre, rieche, sieh und fühle, was um dich herum ist. Öffne dein Herz für die Energie, damit sie dich berühren darf.

Schließe die Augen, und spüre deinen ganzen Körper – von Kopf bis Fuß. Stelle dir vor, wie sich alle Poren öffnen, um die Energie und die Liebe von Mutter Erde aufzunehmen. Atme tief ein, und lasse all die positive, leuchtende Kraft in dich hereinfließen. Fühle deinen Herzschlag, deinen tiefen, ruhigen Atem, und spüre die Erde unter dir.

Nun bist du bereit.

Lade das Einhorn, das an diesem Ort lebt, zu dir ein. Begrüße es respektvoll und voller Liebe. Vielleicht spürst du eine Veränderung in deinem Energiefeld, fühlst ein Prickeln oder spürst die Wärme. Jeder Mensch nimmt die Energie anders wahr.

Was auch immer du wissen möchtest, stelle deine Fragen so klar wie möglich. Wenn du etwas von dem Einhorn brauchst – Energie, Zuversicht oder Klarheit – bitte einfach darum. Du brauchst dich niemals vor einem Einhorn kleinzumachen. Eine Begegnung geschieht immer von Seele zu Seele – frei von Bewertung. Du bist immer und zu jeder Zeit wertvoll genug, um mit einem Einhorn in Kontakt zu kommen. Allein der Gedanke daran kann dich leichter und freier machen. Einhörner lieben Menschen mit reinen Herzen, denn diese können sie einfacher spüren und leichter wahrnehmen.

Sie würden jedoch niemals einen Menschen ablehnen, egal was er oder sie schon alles erlebt oder getan hat. Du kannst ihre Energie nicht erzwingen, sondern nur erbitten. Sie lässt sich nicht missbrauchen, sondern nur empfangen, wenn das Herz offen und bereit dafür ist.

Jeder erwachsene Mensch ist schon oft in Kontakt mit der Schattenseite der Gefühle gekommen. Dazu hat die Seele hier auf der Erde inkarniert. Du bist hierhergekommen, um Licht und Schatten zu spüren und kennenzulernen. Als Seele bist du reines Licht und reine Liebe. Nur hier auf der Erde spürst du die Abgrenzung und Trennung – den Schatten. Nur hier kannst du entscheiden, was du leben und erfahren möchtest – anfangs unbewusst, später jedoch immer bewusster. Allein heute hast du dich schon viele Male entschieden, was du tun und lassen möchtest. Gerade jetzt hast du dich entschieden, mehr über die großartigen Lichtwesen namens Einhörner zu erfahren, was ein deutlicher Schritt auf dem Weg ins Licht ist.

Die Antworten eines Einhorns sind immer sehr klar und präzise. Wenn es auch anfangs Übung braucht, sie zu verstehen, so ist es doch immer ein großer Gewinn, sich der Energie zu öffnen. Ein Einhorn sieht voller Liebe in dein Herz und erkennt, was du selbst noch nicht sehen kannst. Antworten kommen auf die Weise, die du am besten verstehen kannst. Manche Menschen hören innerlich Worte, manche sehen klare Bilder vor ihrem inneren Auge. Manchmal huschen Gedanken durch den Geist, die sich zu neuen Ideen formen. Beobachte dich, und fühle, was du empfängst.

Vielleicht notierst du dir auch, was du gespürt oder gehört hast. Dann kannst du später noch einmal nachlesen, was in diesem Moment wichtig war.

Der Kontakt zu einem Einhorn verbindet auf einzigartige Weise Körper, Geist und Seele. Dadurch, dass du dich dieser klaren Energie öffnest, hörst du das Herz der Erde und kannst wieder fühlen, dass du eins bist mit diesem Planeten.

Diese Einheit mit allem, was ist, zu fühlen, ist der größte Wunsch der Einhörner für die Menschen. Seit der Mensch sich dem Kreislauf der Natur entzogen hat, hat er den Respekt vor allem verloren. Die Erde wird ausgebeutet, statt geehrt und gepflegt zu werden. In diesen Zeiten verbinden die Einhörner uns Menschen wieder mit der Seele der Welt. Sie sind Botschafter für ein achtsames, respektvolles und bewusstes Wirken auf diesem Planeten. Sie verbinden all deine Anteile wieder miteinander, bis du dich selbst wieder als vollständig empfinden kannst. Wenn du dies spürst, erkennst du viel besser, wie du dich der Natur und allen Wesen achtsam nähern kannst. Nur wenn du dich selbst wirklich fühlen und lieben kannst, kannst du respektvoll mit allem umgehen, was existiert.

Dabei möchten die Einhörner helfen!

Channeling: »Was sind Einhörner?«

So ist es

»Seit die Erde existiert, werden alle Geschöpfe und der Planet selbst von Energien unterstützt, die von außerhalb auf alles einwirken. Woher sie auch kommen – sie sind geschickt worden, um die Evolution zu fördern und den Seelen ein Zuhause zu geben, die sich in all ihrer Pracht und Gesamtheit erfahren möchten. Die Erde ist ein Planet, der auserwählt ist, um dem Leben selbst zu dienen. Leben bedeutet Erkenntnis und Erfahrung, die sich in jedem Geschöpf spiegeln. Leben bedeutet, den Plan der Schöpferkraft selbst jeden Tag neu zu gestalten. Alles folgt der Energie, die aus dem Zentrum der einen großen Quelle strömt. Im Falle der Erde geschieht dies über die Sonne. Von dort wird sie zur Erde gesandt, um hier aufgenommen und transformiert werden zu können.

Auch du gehörst hinein in diesen großen Plan. Und somit wirst auch du von Mächten unterstützt und beschützt, die dir ein Leben auf der Erde ermöglichen wollen, wie du es dir vor deiner Ankunft gewünscht hast. Du wolltest das Leben auf der Erde nutzen, um deine Seele um viele Erfahrungen und Erkenntnisse zu bereichern. Mit deinem Wissen und deiner Herzenskraft wiederum bereicherst du alles Leben auf der Erde. Weil unsere Welt ein Ort der Dualität ist, kannst du hier zwischen vielen Möglichkeiten wählen, die in den vielen anderen Welten, die existieren, nicht erfahrbar sind.

Um dich hier in deinem Lebensspiel zu unterstützen, gibt es viele Energien, die du mit deinem Herzen spüren kannst. Sie unterscheiden sich ein wenig untereinander.

Es gibt Geschöpfe, die dir Liebe schenken und das göttliche Licht in dir entfachen und verstärken möchten. Sie schützen dich vor vielen Unwägbarkeiten, auf die du triffst, wenn du täglich deinen Weg gehst. Sie lieben dich bedingungslos und werden immer dafür sorgen, dass du mit jedem Tag mehr zu dir selbst findest und deine Seele erkennst. Sie werden Engel genannt.

Es gibt Energien, die dem großen Geist der Erde dienen. Die Erde als Planet besitzt eine gewaltige Seele und machtvolle Kraft, die weich und träge ist, verglichen mit der quecksilbrigen Wendigkeit der Engel. Sie nährt dich jeden Tag auf wundervolle Weise aus ihrem großen, glühenden Herzen heraus und behütet deine Seele wie eine Mutter. Auf ihrer Oberfläche finden sich viele gute Geister, die ihre Wünsche umsetzen. Auch wenn es dir und deinen Mitmenschen derzeit so erscheint, als würden die Schätze der Erde geplündert und verschwendet, so überseht ihr dabei, dass keine Menschenkraft – und selbst viele Milliarden Menschen nicht – in der Lage ist, sich der Macht der Erde zu widersetzen, wenn sie es verhindern will. Es ist ihr Schicksal und ihre Bestimmung, der Entwicklung der Seelen zu dienen. Sie pulsiert für euch alle aus purer Liebe und Hingabe an den Plan der Schöpferquelle. Dennoch ist es ratsam, ihre Macht dankbar und achtsam zu nutzen, statt sich ihr respektlos zu verweigern und ihre Ressourcen gewaltsam zu rauben.

Die Naturgeister, die sich überall auf der Erde finden lassen, sind besonders in diesen Zeiten unermüdlich dabei, eure Herzen und Augen zu öffnen, damit ihr wieder

die Schönheit der Natur erkennt und lernt, sie zu beschützen. Diese Helfer nennt ihr Menschen Elfen, Zwerge, Feen, Gnome ... es gibt viele Namen für die glitzernden, intelligenten Wesenheiten, die sich überall in der Natur finden lassen. Auch du kannst deine Sinne für die Beschützer der Erde öffnen.

Und dann gibt es uns: die Einhörner. Wir sind auf der Erde, weil wir gerufen wurden. Wir wurden einst gebeten, den Intellekt zu einer angemessenen Zeit in die Wesen zu setzen, die dafür bereit sind. Wir sind mit all unserer ergebenen Liebe mit dem Herzen der Erde verbunden. Wir sind Verbündete mit einem Ziel: euch Menschen und viele andere Geschöpfe in eurer geistigen, mentalen Entwicklung zu fördern und eure Herzensenergie mit euren Seelen in Einklang zu bringen. Wir haben schon viele Generationen begleitet. Immer schon haben die Menschen unsere Anwesenheit gespürt, wenn ihre Absichten rein waren und dem Wohle aller Beteiligten dienten.

Wir haben jene unterstützt und gefördert, die sich für die Liebe und das Mitgefühl entschieden haben. Auf der Erde herrscht seit vielen Jahrmillionen die Dualität, um diesen Planeten zu formen und das Leben hervorzubringen. Das Licht ist genauso machtvoll wie die Dunkelheit. Dies ist keine Bewertung, sondern eine einfache Tatsache. Und doch gelingt es euch Menschen, aus beidem Energie zu ziehen und sie in eurem Sinne anzuwenden. Die Folgen sind dir bekannt. Es ist eine Entscheidung, die jeder einzelne Mensch zu treffen hat. Auch jene, die sich dem Schatten zuwenden, erhalten Unterstützung. Das Gleichgewicht, in dem sich die Erde stets befinden muss, erfordert es. Der Schatten hat seine eigenen Gesetze und fordert viel von den Seelen, die sich ihm zuwenden.

Heute – jetzt und an jedem Tag – ist es an dir, dich zu entscheiden, welcher der beiden Schöpferenergien du dich zuwenden möchtest. Mit dieser einfachen, umfassenden Entscheidung beeinflusst du dein Leben und die Schwingung der Erde. Es geht um mehr als nur darum, »gut« oder »böse« zu sein. Es geht um deine Bereitschaft, dich ganz der lichtvollen Entwicklung deines Seins hinzugeben oder dich für die Schattenmacht deines Egos zu entscheiden. Beide Seiten haben noch für einige Zeit eine große Wirkung auf der Erde, doch bald wird sich dieser Planet in eine neue Dimension bewegen, die auf alle Seelen und auch auf die Dualität eine große Auswirkung hat.

Wir Einhörner dienen euch, um euer Bewusstsein so zu erweitern, dass ihr den Übergang voller Freude erwarten könnt. Du kannst dich aller Unterstützung erfreuen, wenn du dich bereit erklärst, die lichtvollen Schwingungen in dir zu erhöhen, indem du dein Herz und deine Sinne öffnest. Fühle deine Seele, fühle dein Potenzial und nimm die Energie des Wandels mit Freude entgegen. Sie ist da, um dich mit Leichtigkeit durch die Toröffnung zu begleiten, die bald stattfinden wird. Wir werden dich mit unserer Weisheit unterstützen und dir das Wissen schenken, das du für den Aufstieg benötigst. Wir werden deine Zellen für das Licht öffnen, das die Erde erheben wird.«

Empfangen von Sonja Ariel von Staden – Januar 2011

Channeling: »Seit wann seid Ihr hier?«

»Einst, vor vielen Zeitaltern, kamen wir zur Erde. Freie Wesen auf der Suche nach Leben. Wir waren voller Hoffnung und hatten den Wunsch, Leben zu fördern. Wir fanden diesen Planeten in der Zeit, als Wasser ihn fast vollständig bedeckte und die Landmassen noch unwirtliche Felsen waren.

Wir segneten das Wasser und gaben ihm neue Impulse, auf dass sich alles daran erinnerte, wie sich Leben formt. Schon oft hat unsere Rasse Leben geschenkt und Liebe gebracht.

Wir waren einige wenige, doch wir fühlten uns gleich zu Beginn wohl auf diesem Rund. Lediglich als Beobachter und Impulsgeber waren wir seit jeher auf Erden – stille Begleiter, stumme Philosophen, die nichts anderes drängte als der Genuss, das Wachstum neuer Formen zu verfolgen.

Erst der Mensch, dessen Werden wir mit unserer Kreativität und Fantasie beflügelten, gab uns einen Namen und eine Form. Wir sind nur Geist – ohne Form und Farbe. Doch der Mensch in seinem Drängen nach Materie formte uns nach seinen Ideen.

Und es ist gut so.

Seit vielen Jahrtausenden tragen wir zum Leben der Menschen auf Erden bei. Gemeinsam mit vielen Wesen, die voller Güte und Licht den Planeten fördern, werden wir wieder einmal unsere Weisheit zur Verfügung stellen, um dem Bewusstsein aller inkarnierten Seelen Nahrung zu geben. Auf dass es sich erneut über sich selbst erheben kann.

Wir kennen die Vergangenheit und blicken in jede Form der Zukunft. Im Jetzt sind wir da, um euch mit unserer Kraft zu unterstützen auf dem Weg in eine neue Dimension.«

Empfangen von Sonja Ariel von Staden – Mai 2011

Meine erste persönliche Begegnung

Ich spüre die Kraft der Einhörner seit vielen Jahren auf energetischer, feinstofflicher Ebene. Für mich wurde sie erstmals spürbar, als ich 2005 gerufen wurde, um mit einem verstörten Pferd Kontakt aufzunehmen.

Ein Ehepaar hatte einen Wallach in seine Obhut genommen, der in Spanien unter katastrophalen Bedingungen aufgewachsen und von einer Deutschen gerettet worden war. Das zarte Tier hatte in seinem Leben schon viel durchgemacht und stand nun auf einem kleinen Hof mitten in Bayern. Zusammen mit einer kleinen Herde genoss er die klare Luft und die hingebungsvolle, geduldige Liebe der Besitzer. Doch trotz aller Zärtlichkeiten mochte er sich nicht unter einen Sattel fügen. Obwohl er schon fünf oder sechs Jahre alt und in Spanien bereits geritten worden war, endete jeder Versuch, dem schönen grauen Pferd einen Sattel aufzulegen, mit kleinen oder großen Angstattacken.

Als Handpferd, mit langem Strick frei neben einem gerittenen Pferd herlaufend, folgte er brav auf den längsten Strecken. Auch sonst war er im Umgang zwar zurückhaltend, aber freundlich. Doch die Menschen, bei denen er wohnte, hatten mit ihren großen Herzen schon zu viele Tiere am Hof und hätten ihn gern – wohlerzogen und zum Reiten bereit – in gute Hände weitergegeben. Sie konnten es sich nicht leisten, ein zusätzliches Pferd bis ans Lebensende ohne jeden »Nutzen« durchzufüttern.

Heike, die Besitzerin, wandte sich völlig verzweifelt an einen befreundeten Heiler, der wiederum mich bat, mit dem Pferd Kontakt aufzunehmen. Für mich war es das erste Mal, dass ich mich in die Seele und den Körper eines Tieres bewusst einfühlen sollte. Weil ich Tiere zutiefst liebe, war ich nach anfänglichen Zweifeln, ob ich dies leisten kann, bereit, es zu probieren.

An einem sonnigen Frühlingstag fuhr ich zu dem hübschen Hof hinaus und wurde freudig von Heike, ihrem Mann und etlichen Vierbeinern begrüßt. Im Haus und um das Haus herum wohnten vielerlei Tiere, die allesamt glücklich und zufrieden waren. Ein schönes Gefühl, diese Harmonie zu sehen.

Ich wurde zu einer großen Weide hinter dem Haupthaus geführt, auf der mehrere Pferde friedlich grasten. Ich bat meine Begleiter, mich allein zu lassen. Ich würde zurückkommen, wenn ich fertig wäre. Ein wenig aufgeregt war ich schon, gebe ich zu. Am Rande der Koppel setzte ich mich, an den Holzzaun gelehnt, auf einen Stein und ließ die Szenerie auf mich wirken. Heike hatte mir den Wallach gezeigt, der ihr Sorgenkind war. Zuerst einmal war ich überglücklich, so viele gesunde, schöne Pferde zu sehen. Es war eine wilde Mischung der verschiedensten Rassen. Alle waren gut genährt, hatten klare Augen und ein natürlich glänzendes Fell. Die Sonne schien, und da der Hof abseits jeder großen Straße lag, war es bis auf das Zwitschern vieler Vögel herrlich ruhig. Nichts störte den Frieden.

Ich betrachtete den kleinen grauen Wallach. Er graste am anderen Ende der Weide mit seinen Artgenossen, jedoch ein wenig abseits. Als PRE (Pura Raza Española) war er zarter gebaut als andere Pferde seiner Rasse. Sein schlanker Körper saß auf langen Beinen, und sein Kopf war fast so zierlich wie der eines

Arabers. Die feine schwarze Mähne wehte im sanften Wind –
ein Pferd zum Verlieben.

Langsam breitete ich mein Energiefeld aus, um mich seelisch
auf das Tier einzustimmen. Ich schloss die Augen und gab mich
ganz meiner Liebe zur Erde und all ihren Geschöpfen hin. In Gedanken streichelte ich sanft den Wallach und bat ihn leise, mir
seine Geschichte zu erzählen.

Wie ein Hauch stiegen die ersten Bilder in mir auf. Ich fühlte
mich plötzlich nach Süden versetzt und wurde in einen Stall hi-
neingezogen, der dunkel und stickig war. Ganz hinten, tief im
Schatten verborgen, stand der graue Wallach mit gesenktem Kopf.
Dann fühlte ich sein Empfinden: Angst, Ohnmacht, Wut, Trauer
und Sehnsucht. Schmerzhafte Bilder von Schlägen und Hieben
prasselten auf mich ein, ein Schrei erklang. Ich wurde emporgehoben mit dem tiefen Wunsch, die Erde zu verlassen und über
den Regenbogen zu tanzen.

Mein Brustkorb schnürte sich zu, als mein Geist den Schmerz
des Pferdes fühlte. Ich keuchte voller Mitgefühl, während ich die
Verbindung hielt. Da war mir, als würde mich etwas vorsichtig,
aber eindringlich an der Seite anstupsen. Mühsam löste ich mich
aus der geistigen Verbindung, kehrte in meinen Körper zurück
und öffnete die Augen.

Neben mir war nichts. Die Pferde grasten weiter friedlich, und
alles war wie zuvor. Doch ich nahm eine Energie wahr, die wie
der glasklare Klang einer fernen Glocke war. Noch etwas benom-
men von den Bildern des spanischen Wallachs schaltete ich die
Sinne meines Herzens ein und sah innerlich eine leuchtende Gestalt an meiner Seite, die entfernt an ein Pferd erinnerte. Verwirrt
fragte ich das leuchtende Wesen, was es sei und was es von mir
wolle. Ein Wort formte sich in mir als Antwort: »Einhorn« – majes-
tätisch und machtvoll. Diese Kraft bot mir ihre Hilfe an. Über-

wältigt von der Anwesenheit und Energie, die ich fühlte, bedankte ich mich. Die Unterstützung nahm ich nur allzu gern an.

In mir stieg der Wunsch auf, zu dem grauen Wallach hinüberzugehen, um den Kontakt wiederherzustellen und zu fragen, was er sich hier nun wünsche. Langsam und vorsichtig ging ich mitten durch die Herde hindurch. Der kleine Spanier stand etwa 20 Meter von mir entfernt. Ich fühlte das Einhorn an meiner Seite. Die anderen Pferde ließen sich von mir nicht weiter stören.

Während ich ging, bat ich den Wallach im Geiste, mir mitzuteilen, was der Grund für seine Angst sei. Ich ließ meine ganze Liebe wie weiche, zärtliche Finger um ihn fließen, um ihm zu zeigen, dass ich voller Frieden käme. Seine Ohren spielten, doch er graste weiter.

Als ich etwa die Hälfte der Strecke zurückgelegt hatte, hob er plötzlich den Kopf und sah mir direkt in die Augen. Dann wieherte er schrill, legte die Ohren an und galoppierte schnurstracks auf mich zu. Worte formten sich in mir: »Keinen Schmerz mehr!« Ich schnappte nach Luft aufgrund der wilden, aggressiven Gefühle, die ich seitens des Tieres in mir spürte. Es war eine Antwort und zugleich ein Durcheinander aus Angst, Zorn und Hass. In diesem Moment war ich das Ziel dieser Gefühle.

Gleichzeitig wusste ich, dass ich mich kaum würde wehren können, wenn dieses Pferd mich attackieren wollte. Obwohl er zart gebaut war, wog er mindestens 500 Kilo, die soeben mit Schwung auf mich zustürmten. Ich war ihm ausgeliefert. Diese Eindrücke prasselten in Sekundenbruchteilen auf mich ein und mischten sich mit heftiger Angst um mein Leben.

Während ich nicht wusste, was ich tun sollte – an Flucht war nicht zu denken–, schob sich aus dem Nichts eine weiße Silhouette vor meinen ungeschützten Körper. Im ersten Moment dachte ich, dass mein Einhorn Gestalt angenommen hatte. Dann sah ich ein klares, blaues Auge, das mich ruhig anblickte. An dem großen Pferdekopf vorbei konnte ich den grauen Wallach sehen, der nur noch einen Sprung von mir entfernt abrupt abdrehte, noch ein paar Meter trabte und dann wieder zu grasen begann, als wäre nichts geschehen.

Mir war heiß und kalt zugleich, meine Beine waren weich wie Pudding, und mein Herz raste. Mit Tränen der Dankbarkeit und Erleichterung in den Augen streichelte ich das große weiße Pferd, das sich zwischen mich und meinen Angreifer geschoben hatte. Es strahlte Ruhe und Gelassenheit aus. Ich strich zärtlich über den Hals des Tieres und lehnte mich einen Moment mit geschlossenen Augen an die breite Schulter, um mich zu beruhigen. Dann stakste ich vorsichtig zurück zur Einzäunung der Koppel und setzte mich wieder auf den sonnenerwärmten Stein.

Ich spürte, wie eine weiche Welle aus beruhigender Energie in mein Herz floss. Im Geiste dankte ich meinem Einhorn, denn ich wusste, dass diese Rettung ihm zu verdanken war. Normalerweise hätte die Attacke die gesamte Herde in Panik und Aufruhr versetzt. Zwar sind Pferde sehr vorsichtig, selbst wenn sie Angst bekommen, doch die Koppel war nicht sehr groß, und ich hätte leicht umgerempelt und getreten werden können.

Das, was geschehen war, erfüllte mich mit Staunen. Ich dankte dem Einhorn und fühlte die liebevolle Verbindung. Es hatte mich beschützt, fast wie mein Schutzengel, der mich immer begleitet.

Vorsichtig fragte ich nach einem Namen. Das kannte ich von meinem Schutzengel Adam, mit dem ich mich gern unterhielt und der mir viele wichtige Ideen und Impulse in unseren Gesprächen schenkte, seit ich mich dafür geöffnet hatte.

Mein Einhorn gab mir zu verstehen, dass es – ähnlich wie ein Engel – keinen Namen brauchte. Ich war ein wenig traurig, denn meine Erfahrung hatte mir gezeigt, dass es einfacher war, mit Lichtwesen zu kommunizieren, wenn ich einen Namen für sie mitgeteilt bekam. Weil ich den Kontakt jedoch unbedingt erhalten wollte, nannte ich das Einhorn im Stillen meinen »Einhornlord«. Diese Energie fühlte sich allein schon wegen unseres eben bestandenen Abenteuers für mich männlich, kraftvoll und stark an, auch wenn sie, wie Engel in meinem Empfinden, völlig neutral ist. Das Einhorn war einverstanden.

Um meinen Auftrag auf dieser Weide abzuschließen, schickte ich noch einmal vorsichtig meine Gedanken zu dem grauen Wallach, der wieder seinen Platz am Ende der Koppel eingenommen hatte. Ich ließ ihn wissen, dass ich die Botschaft weitergeben würde, und wünschte ihm aus tiefstem Herzen, dass er die Schmerzen der Vergangenheit gegen Liebe würde eintauschen können. Dann machte ich mich auf den Weg zurück zum Haus, um Bericht zu erstatten.

Heike hörte mir aufmerksam zu, als ich erzählte, was ich erlebt hatte. Es fühlte sich stimmig für sie an, und sie berichtete, dass die Frau, die den Wallach zu ihr gebracht hatte, von dem Stall erzählt hatte. Das Pferd war damals in einem erschreckenden Zustand gewesen. Unser gemeinsames Fazit der Ereignisse war, dass Heike den Wallach noch so lange wie möglich behalten wollte, um ihm zu beweisen, dass es auch liebevolle und achtsame Menschen gab. Die Zeit würde zeigen, ob das verstörte Tier genug Vertrauen aufbringen würde, um einen Menschen auf seinem Rücken zu dulden.

Dieses Erlebnis im Jahr 2005 hat mir über mein Einhorn einen neuen, noch tieferen Zugang zur Energie meines Heimatplaneten geschenkt. Seit diesem für mich sehr wichtigen Tag spüre ich die Anwesenheit der Einhörner sehr intensiv und bin mit ihnen in Kontakt. Ihre große Weisheit, ihr umfangreiches Wissen und ihre Unterstützung kann ich in meiner spirituellen Arbeit und meinem eigenen Leben wundervoll nutzen. Sie stellen mir eine ganz spezielle Energie zur Verfügung, die sich von der Schwingung der Engel und anderer Lichtwesen, mit denen ich in Verbindung stehe, stark unterscheidet. Es ist mir eine große Ehre und Freude, ihre Botschaften zu empfangen und sie zu malen.

Ich spüre ihre tiefe Liebe und Verbindung zur Erde und den Menschen, doch sie tragen auch eine Frequenz in sich, die jenseits dieser Welt ihre Wurzeln hat. Somit schenken sie all jenen, die ihre Herzen für sie öffnen, ein großes Spektrum an Informationen und Energie, um das eigene Wesen und die Kraft der Seele zu entfalten.

Sie sind auch eine herrliche Ergänzung zur Liebe und lichtvollen Energie der Engel. Für mich sind Einhörner und Engel die energetische Verbindung zwischen Himmel und Erde.

Integration der Einhornenergie
in mein System

Es war im März 2011, als ich mit meinen Engeln eine Seminartour in die Schweiz machte. Eine liebe Freundin hatte ein ganzes Wochenende mit Ausstellung, Engelenergieabenden und persönlichen Beratungen für mich organisiert.

Durch die intensive Engelarbeit und die ständige Verbindung mit der Schöpferquelle war ich sehr offen für Impulse. Am Samstagmorgen dieses schönen Engelwochenendes hatte ich ein überwältigendes Erlebnis:

Mehrere Menschen hatten sich für persönliche Bilder angemeldet, die ich vor Ort malte. Diese Bilder entstehen, wenn ich den Menschen, die vor mir sitzen, die Hände auf die Schultern lege, mich mit deren Schutzengel oder Seele verbinde und für sie die Kraft ihrer Seelenquelle fließen lasse. Während diese Energie fließt, formen sich in mir die Bilder mit Farben, Symbolen und Botschaften, die für ihre augenblickliche Situation wichtig sind.

Meinen ersten Termin hatte ich mit einer Frau, die Unterstützung brauchte in wichtigen familiären Angelegenheiten. Während ich für die Dame ihr persönliches EngelHeiler-Bild aus ihrer Seelenebene abrief, hatte ich auf einmal ein ganz eigenartiges Gefühl.

Einerseits nahm ich das Bild für meine Kundin sehr deutlich wahr, andererseits fühlte es sich so an, als würde ich plötzlich aus einer ganz anderen Ebene Informationen bekommen. Mein Kopf schmerzte leicht, wie ich es schon seit Tagen immer wieder gespürt hatte. Ich hatte keine Ahnung, wie ich diesen Impuls einordnen sollte.

Ich koppelte einen Teil meiner Aufmerksamkeit ab und fragte, wer oder was denn bitte eine Botschaft für mich hätte. Es kam keine direkte Antwort, stattdessen fühlte es sich an, als würde jemand von hinten sanft über meine obere Wirbelsäule streicheln. Und während ich diese Berührung noch genoss, öffneten sich explosionsartig an jedem einzelnen Wirbel leuchtende Energiezentren. Diese Energiebahn von kleinen Zentren verlief von der Mitte meines Rückens über meinen Kopf hinweg bis zu meinem dritten Auge. Es waren bestimmt 30 neue, pulsierende Öffnungen. Blauweiß schimmerndes Licht strömte aus jedem dieser Zentren in den Raum. Vor meinem inneren Auge sah es so aus, als hätte ich eine stehende Mähne aus reinem Licht – ein verwirrendes Bild.

Gleichzeitig nahm ich meinen Einhornlord wahr, der neben mir stand. Und noch während ich spürte, dass es seine gewaltige Energie war, die sich mit meinem Menschenkörper verband, veränderte sich sein Erscheinungsbild. Er wurde zu einem Schemen, der beinahe einem Engel glich, jedoch eine ganz andere Schwingung hatte. Ich fragte, was dies alles zu bedeuten habe, doch wurde ich sanft darauf hingewiesen, dass ich noch mitten in einem Channeling stecke. Ich würde später Antworten erhalten.

Der ganze Prozess hatte nur zwei oder drei Minuten gedauert. Währenddessen war die Dame vollkommen entspannt. Sie blieb noch lange sitzen, nachdem ich schon begonnen hatte zu malen. Sie schaute in den Garten hinaus und genoss die Energie, die ihren Körper durchströmte.

Als ich schließlich nach einem langen, glücklichen Engeltag in der Nacht im Bett lag, fragte ich wieder nach der Bedeutung des Ereignisses. Ich spürte immer noch das weißblaue Licht, das aus mir heraus- und in mich hineinströmte. Es fühlte sich herrlich an, doch ich brauchte Antworten.

Vor meinem inneren Auge erschien mein Einhornlord in der veränderten Gestalt. Der Kontakt war intensiv und leuchtend – und ganz anders als sonst. Das Wesen vor mir sah eher weiblich aus und fühlte sich auch so an. Informationen flossen. Ich erfuhr, dass ich nach über fünf Jahren nun auf eine neue Ebene der Einhornenergie gebracht worden war. Ähnlich wie zuvor von den Engeln, wurde ich nun eingeweiht in das Wissen jener Wesen, die von den Menschen Einhörner genannt werden. Einerseits, um das Buch, an dem ich nun schreibe, so authentisch wie möglich zu formulieren, andererseits, um den Menschen mit dieser zusätzlichen Energie wiederum auf umfangreichere Weise helfen zu können.

Das Wesen verriet mir endlich seinen Namen: Eijonah durfe ich sie nennen. Seit dieser Zeit erhalte ich regelmäßig Informationen von ihr, wenn ich sie für mein Leben oder meine Projekte brauche. Diese Wesenheit ist eine Botschafterin und Vermittlerin aus der Schwingungsebene der Einhörner. Es ist mir eine Ehre und ein Vergnügen, mit ihr zusammen die Kraft der Lichtwesen auf die Erde zu bringen.

Dein persönliches Einhorn

Einhörner werden besonders von Menschen angezogen, die sich auf das Lichtvolle konzentrieren und ihre Schatten kennen. Jeder Mensch hat Licht und Schatten in sich, denn das ist Teil des Seelenplans auf Erden. Beides ist wichtig, und beides gilt es, zu erkennen, zu akzeptieren und zu lieben.

Einhörner fühlen sich auch sehr zu Menschen hingezogen, die mit reinem, ehrlichen Herzen leben, denn mit ihnen können sie auf leichte Weise in Kontakt treten.

Wenn du dein persönliches Einhorn einladen möchtest, kannst du dich auf einfache Weise vorbereiten, indem du deine Aura reinigst und stärkst. Auf diese Weise kannst du deine Sinne verfeinern und deutlicher die Anwesenheit deines persönlichen Einhorns fühlen.

Hier sind ein paar Anregungen dazu:

Jeder Mensch hat um sich herum ein deutliches Schwingungs- und Energiefeld. Man nennt es Aura. Dieses Energiefeld kann man mit geübten Sinnen sogar sehen und mit entsprechenden Instrumenten auch auf Bildern sichtbar machen. Die Aura ist je nach Zustand des Menschen mehr oder weniger ausgedehnt. Je besser du dich selbst kennst, und je aufmerksamer du für dich und das

Leben bist, desto kraftvoller und leuchtender ist deine Aura. Sie kann sich viele Meter um dich herum ausdehnen. Man unterteilt sie in verschiedene Felder, doch das kannst du in anderen Dokumentationen eingehender studieren, wenn du möchtest.[13]

In deiner Aura sind unter anderem auch die Energien der Vergangenheit, Teile deiner Erinnerungen und viele andere wichtige Informationen angesammelt, die du nutzen kannst. Dieses Schwingungsfeld wird vor allem durch deinen Herzschlag erzeugt, der permanent Ströme von Energie um dich herum produziert.

Über dieses Feld bist du immer mit allem verbunden, was um dich herum existiert, denn selbst scheinbar unbelebte Materie (wie z. B. Steine) hat eine Aura.

Deine Aura ist auch ein Schutzfeld aus Licht und Liebe. Mit deiner Aufmerksamkeit kannst du sie nähren. Je mehr du dich liebst, und je mehr du dein inneres Licht leuchten lässt, desto stärker wird sie. Wenn sie lichtvoll und dicht ist, können negative Einflüsse einfach an ihr abprallen. Es ist ein wichtiges Ritual, die Aura immer wieder einmal von alten, dunklen Gefühlen wie Groll, Wut oder Zorn zu reinigen.

Eine einfache Übung zur Aura-Reinigung: die Lichtdusche

Stelle dir vor, wie aus der Schöpferquelle, aus der du stammst, reines Licht und bedingungslose, erfrischende Liebe von oben auf dich einströmen. Sie umspülen dich, fließen durch deine Aura und reinigen sie von allem, was gehen darf. Lasse alle alten

---

13 Buchtipp: Stefanie Menzel, »Chakra-Arbeit kompakt«, Schirner Verlag, Darmstadt 2010

Gefühle der Vergangenheit los, die dich bremsen, schwer machen und dein Feld verdunkeln. Stelle dir vor, wie alles Negative aus deiner Aura gewaschen wird, bis sie immer stärker leuchtet und strahlt.

Du kannst diese Energie auch durch deinen Körper fließen lassen, bis das Dunkle in deinem Inneren wieder leuchtet und strahlt. Atme ganz tief das Licht und die Liebe deiner Schöpferquelle ein. Lasse beim Ausatmen alles gehen, was dich am Glück hindert. Du kannst deine Sorgen, Ängste und Zweifel ausatmen und dir dabei eine dunkle Wolke vorstellen, die nach deinem Ausatmen wieder in reines Licht und Liebe verwandelt wird. Lasse in Gedanken die Verletzungen und Menschen los, die dich behindern. Alles darf gehen, was nicht mehr zu dir passt – zum Wohle aller Beteiligten.

Um dir die Übung zu erleichtern, kannst du sie auch unter der Dusche ausführen. Während das Wasser über dich fließt und deine Haut reinigt, kannst du dir zusätzlich das Licht aus der Quelle vorstellen.

Fühle, wie du immer leichter, weiter und lichtvoller wirst. Fühle, wie deine Aura sich immer weiter ausdehnt und himmlisch glitzert und strahlt.

Diese Übung kannst du jeden Tag machen. Du wirst spüren, wie du mit jedem Mal kraftvoller und leichter wirst. Du wirst zum Magneten für glückliche Momente, wundervolle Menschen und schöne Ereignisse.

Wenn du dich auf diese Weise stärkst und lichtvoll ausdehnst, öffnest du die Tür für dein persönliches Einhorn immer weiter. Die Energie der Einhörner ist ja, wie schon oben erwähnt, immer auf der Erde und auch in deiner Nähe. Doch ähnlich wie Engel können Einhörner erst für dich aktiv werden, wenn du sie einlädst.

Dein persönliches Einhorn hat eine ähnliche Kraft und Funktion wie dein persönlicher Schutzengel, der immer bei dir ist.

Dein Einhorn kann dich mit der Energie von Mutter Erde, mit Klarheit und Weisheit in deinem Leben unterstützen. Wenn du dich mit ihm verbindest, nährst du dich selbst auf einzigartige Weise. Ob du es ganz pragmatisch als positive Ausrichtung und Aktivierung der inneren Kräfte siehst oder spirituell als Schutzenergie, ist ganz dir überlassen.

Auf jeden Fall wirkt es Wunder, wenn du dich für die Kraft dieser Wesen öffnest. Das durfte ich bereits am eigenen Leib und von vielen anderen Menschen erfahren. Du brauchst kein spezielles Ritual, um dein Einhorn zu rufen. Doch wenn du Rituale magst, habe ich nachfolgend eine kleine Anregung für dich.

Der Ruf des Herzens

Finde einen Raum, in dem du in Stille ganz bei dir sein kannst. Gestalte ihn dir so, wie du es am liebsten hast. Du kannst eine Kerze anzünden, einen schönen Duft versprühen und es dir ganz gemütlich machen. Lege eine Hand auf dein Herz und fühle deinen Körper und deinen Herzschlag ganz intensiv. Schließe die Augen und spüre deine Aura. Dehne dein Licht und deine Liebe aus. Lasse alles Dunkle aus dir hinausströmen, bis du leicht, klar und ganz hell wirst.

Dann richte deine Sinne auf die Energie der Einhörner aus. Rufe sie voller Liebe und Respekt. Sie sind immer da, ganz in deiner Nähe. Wenn du ihre Anwesenheit spürst, bitte darum, dass dein persönliches Einhorn nun zu dir kommen möge. Lade es aus tiefstem Herzen ein, fortan bei dir zu sein und dich auf deinem Lebensweg zu unterstützen. Fühle die Energie. Spüre sie mit allen deinen Sinnen.

Wenn du möchtest, kannst du das Einhorn auch nach seinem Namen fragen. Dies hilft euch beiden, euch zu verständigen. Gib deinem Einhorn den Platz in deinem Schwingungsfeld, an dem du es am liebsten spüren möchtest.

Genieße die Energie der Einhörner. Sie sind an deiner Seite, um dich auf deinem Lebensweg mit ihrer Macht, Magie und Weisheit zu unterstützen. Dein Herz für diese herrlichen Wesen zu öffnen, wird mit großem Weitblick, innerem Frieden und Erkenntnis belohnt. Du selbst entscheidest, wie sehr du dich darauf einlassen möchtest. Folge deinem Herzen – es kennt den richtigen Weg.

Die Bilderbotschaften und Weisheiten der Einhörner

Meine Einhornbilder sind mir lieb und wertvoll. In ihnen schwingt eine Freude und Energie, die sie von meinen anderen Bilderserien unterscheidet und die ich als einzigartig empfinde. Sie sind ein Teil meiner Seele, den ich durch die Bilder sichtbar mache. In jedem meiner Bilder schwingt auch eine Botschaft, die ich für dich nun notiert habe. So kannst du dich gemeinsam mit den Einhörnern auf eine Reise durch die Welt der Seele, der Gefühle, Magie und Fantasie machen. Alle Texte kommen direkt aus der Quelle der Einhörner, wie ich sie wahrnehme. Somit sind alle Botschaften und Übungen gechannelt und sprechen dich als Seele meist direkt an.

Du kannst die Weisheiten der Einhörner nacheinander lesen oder intuitiv auswählen, welche Botschaft im Moment am wichtigsten für dich ist. Dies ist der Grund, warum zu diesem Buch auch das Kartenset entstanden ist. Es ist viel leichter, aus 36 Karten, die du gemischt und mit dem Rücken nach oben vor dir ausgebreitet hast, eine Karte zu wählen, die dich an diesem Tag oder in der kommenden Zeit begleitet. Spüre, welche Vorgehensweise für dich richtig und angemessen ist. Dein Herz ist dafür die beste Unterstützung.

Wenn du die Übungen machst, kann es hilfreich sein, dabei ein »Lebensbuch« zu führen:

Einleitung

Ein Tagebuch zu führen, ist ein beliebtes Mittel, um täglich das eigene Leben zu dokumentieren und zu reflektieren, was geschehen ist.

Das »Lebensbuch« ist eher ein Begleiter auf dem Weg in ein neues Bewusstsein. Es braucht nicht täglich geführt zu werden. Du kannst dazu ein einfaches, festes Notizbuch verwenden, in dem du die Übungen, die dir hier im »Einhornbuch« begegnen, durcharbeiten und notieren kannst. Es ist eine gute Möglichkeit, dir selbst zu zeigen, was in dir vorgeht. Du kannst die einzelnen Übungen, wie in einem Tagebuch, mit einem Datum versehen, damit du deine Entwicklung rückblickend beobachten kannst.

Wenn du eine Übung wiederholst, kannst du sehr gut feststellen, was sich in der Zwischenzeit alles verändert hat. Auf diese Weise kannst du stolz auf deine Entwicklung sein, denn nur du allein hast die Macht, dein Leben zu verändern. Setze die Übung so wirkungsvoll wie möglich ein, und genieße jeden Schritt in eine schöne, kraftvolle Zukunft. Die einzelnen Schritte im Lebensbuch festzuhalten, macht große Freude.

Wenn du mit dem Begriff »Meditation« schon vertraut bist, kannst du den folgenden Abschnitt überspringen. All jenen, die sich erst jetzt auf ihren wirklichen Seelenweg begeben, möchte ich kurz erklären, was es bedeutet.

Die Wortbedeutung ist »Ausrichtung auf die Mitte«. Für eine Meditation wird am besten ein Raum aufgesucht, in dem man Ruhe hat, um Ablenkung zu vermeiden. Man kann im Sitzen oder im Liegen meditieren. Wichtig ist dabei, dass der Körper sich entspannen und der Atem frei fließen kann.

Eine Meditation kann vollkommen frei von Bildern sein. In vielen Religionen gilt als höchster meditativer Zustand die absolute innere Leere. Es ist die Befreiung von jeglichen Gedanken und das Verschmelzen mit der Quelle oder der göttlichen Einheit.

Die in diesem Buch vermittelten Meditationen sind geführte, beschriebene Übungen, um aus der Ruhe heraus neue Wege des Bewusstseins zu finden. Am besten liest du dir die Meditation vorher durch, um sie dann mit geschlossenen Augen auszuführen. Oder du nimmst sie mit einem Diktiergerät oder dem PC auf und spielst sie dann wieder ab.

Großer Einhornlord

»Finde deinen Ursprung. Vor dort aus beginnt die wahre Reise ans Ziel deiner Träume.«

Die Botschaft

Wahrheit und Weisheit sind immer eine Frage deines Standpunktes. Was auch immer du gelernt hast, wo auch immer du herkommst – du trägst tief in dir alles Wissen, das du für dieses Leben brauchst. Du bist ein einzigartiges Geschöpf, das aus vielen lebendigen Zellen besteht, die wiederum einzigartig sind. Und doch ist in der großen, weiten Schöpfung alles miteinander verbunden durch die Schwingung der Weisheit. Du atmest sie ein, dein Herz schlägt in ihrem Rhythmus, du BIST Schwingung. Fühle diesen Puls der Ewigkeit in dir. Er befreit dich von deinen menschlichen Sorgen, denn er ist jenseits des Egos. Wenn du den Strom der Energie und die sanften Wellen der Schwingung spürst, bist du jenseits der Illusion von Dualität und Trennung. Dann fließt du ein in den ursprünglichen Schöpfungsgedanken. Du vermischst dich mit der Weisheit und Wahrheit jenseits deiner menschlichen Existenz. Jetzt kannst du verstehen, was wirklich wichtig ist. Du kannst erkennen, dass dein Licht in dir nur eine einzige Aufgabe und einen einzigen Wunsch hat: zu leuchten.

Leuchte im Licht deiner ursprünglichen Wahrheit, und sei ganz du selbst. Fühle deine Existenz in jeder Zelle deines Körpers.

Du bist frei, leuchtend und auf ewig göttlich.

Universelles Verständnis

Ob du arm oder reich bist, krank oder gesund, frei oder abhängig – in dir schlägt immer ein großes, starkes Herz. In dir ist immer ein großer, starker Wille und die Macht zur Veränderung. Wenn du verstehen willst, wie dein Leben sich grundlegend zu deinem Besten verändern kann, kannst du eintauchen in den ursprünglichen Schöpfungsgedanken. Dies war einst dein Plan. Du hattest die freie Entscheidung, als Mensch geboren zu werden. Nun liegt es an dir, deinen Plan zu erkennen.

Damit du frei entscheiden kannst, ist es wichtig, dich selbst auf allen Ebenen zu verstehen. Verständnis entsteht durch Liebe – die Liebe zu deinem Leben und zu dir selbst. Du bist ein außergewöhnliches Geschöpf mit unvorstellbaren Fähigkeiten. Befreie dich aus dem Glauben, du müsstest sein, wie andere dich wollen.

Du hast den freien Willen, über dein Leben zu entscheiden. Nutze ihn. Entscheide dich für jeden einzelnen Schritt, den du gehst. Fühle dich in jedem Moment deines Lebens. Erkenne deine Wünsche und Träume, denn sie zeigen dir das Ziel deiner Entwicklung. Folge deinem inneren Stern, denn er zeigt dir den Weg.

Verbinde dich mit der Schwingung der Schöpfungsweisheit, die in jeder deiner Zellen und im ganzen Universum lebendig ist. Erkenne dich selbst im Spiegel der Wahrheit, und befreie dich. Erwache in ein neues, kraftvolles Leben.

Der ursprüngliche Schöpfungsgedanke
Eine meditative Übung

Finde Raum und Zeit, um dich ganz in Ruhe mit dir zu befassen.

Entspanne dich. Atme tief in deinen Körper hinein. Dies ist dein Leben. Es sind dein Körper, dein Atem und deine Zeit.

Streife bewusst den Alltag ab wie ein Gewand, und lasse ihn hinter dir. Fühle dich selbst und dein inneres Licht. Fühle, wie es immer heller und leuchtender strahlt. Dehne dein Licht weit über deinen Körper hinaus aus. Fühle, wie dein Lichtkörper immer größer und weiter wird, bis er über die Erde hinauswächst. Verbinde dein Licht mit dem Licht der Sterne und dem Glanz des Universums. Dort ist die Wahrheit deines Selbst. Dort ist dein ursprünglicher Schöpfungsgedanke. Verbinde dich damit. Öffne dein Herz und deine Seele für die Wahrheit, die nun dein Licht durchdringt. Atme den Frieden und die Kraft der Schöpfung. Sie schenkt dir Mut und Entschlossenheit, um neue Wege zu gehen und frische Energie zu finden. Aus deinem ursprünglichen Seelenplan heraus kannst du neu entscheiden und deinen Frieden finden.

Bleibe so lange mit der wundervollen Energie der Schöpfung verbunden, bis du voller Glück und Freude lächelst. Dann kehre mit diesen wundervollen Gefühlen zurück in dein Hier und Jetzt.

Alorna –
Zärtliche Einhornenergie

»Zärtlichkeit ist ein Geschenk. Beschenke dich
selbst und die Welt mit deiner Liebe.«

Die Botschaft

Jeder Mensch braucht Zärtlichkeit, Liebe und Geborgenheit. Manchmal ist diese Sehnsucht offensichtlich und riesengroß, manchmal verbirgt sie sich unter Groll, sodass sie nicht bewusst spürbar wird. Du bist als Mensch ein soziales Wesen. Der Austausch von zärtlichen, liebevollen Berührungen ist heilig und wurde in der Vergangenheit schlicht vergessen oder untersagt. Zärtlichkeiten sind himmlische Möglichkeiten, einander zu zeigen, wie wichtig man sich ist. Ob es das Streicheln einer Wange, ein liebevolles Lächeln oder eine herzliche Umarmung ist – Zärtlichkeit findest du überall, wenn du möchtest.

Finde deine Zärtlichkeit

Wie immer beginnt der Weg zur Erfüllung einer Sehnsucht in deinem Inneren. Kannst du dir selbst gegenüber zärtlich sein? Kannst du dich vor einen Spiegel stellen und dich mit liebevollen Gedanken anlächeln? Probiere es aus.

Je mehr du erkennst, wie wundervoll du bist, desto leichter fällt es dir, Zärtlichkeiten anzunehmen und zu schenken. Innerer Respekt und Liebe zu dir selbst, zum Leben und zu allem um dich herum erhöhen deine Achtsamkeit. Zärtlichkeit ist die feinste, schönste und weicheste Form der Zuneigung. Sie ist Berührung, Wertschätzung und Beweis eines freien, aufmerksamen Bewusstseins.

Finde deine eigene Form von Zärtlichkeit. Probiere es zunächst an dir selbst aus. Was fühlt sich für dich und deinen Körper gut an? Diese innere Erforschung ist der Beginn einer glücklichen Beziehung zu dir selbst und zu deinem Leben.

Wenn du in dir dann ganz viel Liebe und Glück fühlst, schenke der Natur Zärtlichkeiten. Berühre die Blumen und Pflanzen, die dir gefallen. Bedanke dich bei ihnen für die Freude, die sie in dir auslösen. Streichle und umarme einen Baum, der dir gut gefällt. Lasse ihn fühlen, dass du dankbar bist für seinen Schatten, seinen Leben spendenden Sauerstoff, den er für dich erzeugt, und seine Stärke, die er dir zeigt. Wenn du die Möglichkeit hast, kannst du auch Tieren deine Zärtlichkeit schenken. Die meisten Tiere sind glücklich, wenn sie voller Liebe und Achtsamkeit berührt werden.

Schenke dir selbst glückliche Momente, indem du zärtlich mit dir und deiner Umgebung bist. So wirst du innerlich immer heller und weiter. Zärtlichkeit heilt alte Wunden und bringt Frieden und Sonne in dein Leben. Schön, dass es dich gibt!

Einhornpaar –
Achtsame Liebe

»Ich erkenne dich und erfreue mich an dem,
was du bist und mir zeigst. Ich bin achtsam,
zärtlich und glücklich, dich zu kennen.«

Die Botschaft

Wir zeigen dir, dass der Umgang miteinander auf achtsamer Freundlichkeit basiert. Wenn du dich selbst fühlst und kennst, weißt du um deine Grenzen. Du kannst deinem Gegenüber, ganz gleich, wie gut du es kennst, deutlich zeigen, was du brauchst und möchtest. Liebe ist eine weiche, zärtliche Energie. Sie möchte im täglichen Umgang fließen, möchte sich verströmen und dem Universum Überfluss schenken. Liebe ist Nahrung für die Seele, für deinen Körper und deinen Geist. Wenn du einen Menschen aufrichtig liebst, schenkst du ihm bedingungslos und ohne Erwartungen die größte Kraft, die existiert. Wir möchten dir zeigen, dass wahre Liebe immer frei von Form ist. Sie ist pure Energie, die zwischen dir und allem schwingt, was existiert.

Begegnet dir nun ein Mensch, mit dem du dein Leben teilen möchtest, kannst du die Liebe noch deutlicher fließen lassen. Sie dringt noch tiefer ein in deine Zellen, sie füllt dein Herz, bis alles überschäumt und das Glück aus deinen Augen strahlt.

Echte Liebe lässt dich fühlen, wer du wirklich bist. Du erkennst dich selbst im anderen. Du fühlst dich selbst durch den Menschen, den du liebst. Sei dir dessen immer bewusst.

Je besser du dich selbst erkennst mit all deinen Schwächen, deiner Stärke, deinen Begabungen und Wünschen, desto klarer ist die Begegnung mit einem geliebten Menschen. Liebe durchdringt jeden Nebel, jede Barriere und jeden Schutz. Sei daher achtsam, was du tust und sagst. Liebe öffnet alle Türen und berührt die Angst, damit sie sichtbar wird und gehen darf. Du wirst also einem geliebten Menschen auch seine Angst zeigen, so wie dieser Mensch dir deine Angst zeigt. Miteinander könnt ihr, erfüllt mit Liebe, diese Angst anschauen, heilen und gehen lassen.

Es ist eine neue Zeit angebrochen – eine Zeit, in der der Begriff »Liebe« zurückkehrt zu seinem Ursprung. Lange haben die Menschen Liebe mit Worten wie Sicherheit, Schutz, Abhängigkeit oder Versorgung verwechselt. Liebe ist ein Gefühl. Sie ist pure Energie, die dich stärkt und nährt, damit du deinen eigenen Weg gehen kannst. Mit Liebe kann dich ein Mensch auf deinem Lebensweg begleiten, mit dir dein Glück teilen und manchmal deinen Schmerz mit Liebe lindern. Doch niemand ist hier auf der Erde, der dir deine Verantwortung für dich selbst abnehmen kann.

Du brauchst niemanden, um glücklich zu sein, denn dafür bist nur du allein verantwortlich. Liebe teilt. Liebe nährt. Liebe, die du ganz für dich allein spürst, weil du erkennst, wie großartig du bist, macht glücklich. Wenn diese machtvolle Energie frei fließt und jeden Menschen so sein lässt, wie er ist, entstehen neue Beziehungen auf dieser Erde. Wenn niemand mehr einen anderen Menschen braucht, um glücklich zu sein, entsteht Freiheit. Wenn Abhängigkeit verschwindet, sprudeln neue Ideen, wie man miteinander ein herrliches, zärtliches und großartiges Leben führen kann. Dann wird Liebe zu einem wundervollen Abenteuer, das in deinem Herzen begonnen hat und alle Herzen dieser Welt mit Glück berührt.

Meditation »Achtsame Liebe«

Nimm dir Zeit. Finde einen stillen Raum, und mache es dir bequem.

Lasse deinen Atem bewusst fließen, und beobachte deine Gedanken. Lasse sie zur Ruhe kommen. Rufe dein Einhorn, und lasse dich auf deiner Reise nach innen von seiner Weisheit und Klarheit begleiten.

Jetzt ist es Zeit, dem Gefühl der Liebe zu folgen. Schließe deine Augen, und spüre für dich, was achtsame Liebe in dir auslöst. Gib dich ganz diesem Gefühl hin, und lasse dich davon durchfluten.

Was wünschst du dir von der Liebe? Was lebst du schon, und was möchtest du noch in Liebe erleben? Bist du selbst achtsam und liebevoll mit dir, wie du es verdient hast?

Folge diesen Fragen, und finde in dir, in deiner inneren Stille, die Antworten. Du kannst sie dir notieren, sodass du mit der Zeit ein immer klareres Bild und ein immer stärkeres Gefühl für die Liebe bekommst. So kannst du sie in deinem Leben beständig vertiefen, bis du stets begleitet bist von wundervoller, achtsamer und bedingungsloser Liebe.

Abendröte –
Herde der Nacht

»Es ist Zeit für schöne Träume.«

Die Botschaft

Willkommen in der Welt der Träume, liebes Wesen. Wir sind die Hüter der Nacht, die Wächter der Dunkelheit. Wir beschützen dich und alle Geschöpfe, damit sie nachts sicher ihrem Pfad folgen oder friedlich schlafen können. Die Nacht macht besonders den Menschen oftmals Angst. Wenn die Sonne untergegangen ist, verschwimmen die Silhouetten, vertiefen sich die Schatten und das Land versinkt in Schlaf. Vergiss nicht, geliebtes Wesen, dass auch du in einem menschlichen, irdischen Körper deine Zeiten hast, in denen du ruhen musst. Du hast deinen ganz eigenen, besonderen Wechsel von Tag und Nacht. Dein Körper zeigt es dir ganz deutlich. Folge diesem Rhythmus, damit sich dein Körper erholen kann von den Anstrengungen, Freuden und Abenteuern des Tages.

Im Traum sind wir bei dir. Wir laufen mit dir durch die Bilder deines Unterbewusstseins, damit du loslassen kannst, was dein Geist nicht speichern möchte. Du sortierst in deinen Träumen vor allem die wichtigen Ereignisse, die du gern in deinen Erinnerungen aufbewahren möchtest. Du verarbeitest deine Gefühle. Sie erscheinen als Bilder und Geschehnisse, die wichtige Botschaften in sich tragen. Wenn du uns vor dem Schlafengehen rufst, können wir dir helfen, deine Träume besser zu verstehen. Wir können mit dir gemeinsam die Rätsel entschlüsseln und dir Frieden schenken, damit dein Schlaf entspannend und erholsam ist.

Die Nacht ist nur die andere Seite des Tages. In ihr ist kein Schrecken. Nur die Erde ist es, die sich dreht und für wenige Stunden der Sonne den Rücken kehrt. Vergiss nie, dass die Sonne – dein Heimatstern – immer leuchtend da ist. Die Kraft des Sonnengottes, der schon so viele Seelen inspiriert hat, ist auch nachts bei dir. Sein Verdienst ist das Wachstum, die Wärme und das Licht. Auf der Erde braucht es jedoch den beständigen Wechsel, damit sich die Natur immer wieder regenerieren kann. Alles auf der Erde braucht abwechselnd Licht und Schatten, Kälte und Wärme – auch du, geliebtes Wesen. Du trägst in diesem Leben alles in dir, und das ist gut so.

Wenn es dunkel wird, verstärkt sich auch alles Dunkle in dir. Je besser du es kennst, desto deutlicher wirst du erkennen, dass es nicht bedrohlich ist. Angst ist ein Hinweis auf alte Erfahrungen, die betrachtet und aufgelöst werden möchten. Angst ist wie ein Gewirr aus vielen Knoten, die es zu entwirren gilt. Wir helfen dir gern dabei in der Zeit der Nacht, wenn deine Träume dir wertvolle Hinweise geben möchten, um die Angst endlich gehen zu lassen und voller Freude zu leben.

Rufe uns, wenn du unsere Hilfe brauchst. Wir sind für dich da – in den samtenen, weichen Stunden der erholsamen Nacht.

Traumübung

Wenn du deine Träume beobachten und ihre Rätsel lösen möchtest, kannst du die Herde der Nacht rufen. Unsere Energie hilft dir, achtsam zu sein mit einem Teil des Unterbewusstseins. Du kannst dich beim Erwachen viel besser erinnern, was du geträumt hast und findest schneller die Antworten für die Fragen, die du hast. Lege dir dein Lebensbuch ans Bett, und richte dich beim Einschlafen voller Aufmerksamkeit auf unsere lebendigen, schützenden Energien der Nacht aus. Spüre unsere energetische Anwesenheit und unsere tiefe Liebe zu allem Leben. Wir sind wunderbare Nachtwächter und Beschützer. Du bist in Sicherheit und kannst entspannt einschlafen. Bitte uns einfach, in deinen Träumen gut auf dich achtzugeben. Je sicherer du wirst, dass wir bei dir sind, desto freier kannst du deine Träume genießen. Wenn du aufwachst, schreibe dir alles auf, an das du dich aus deinem Traum erinnerst. Das kann auch mitten in der Nacht sein. Wenn du mit jemandem gemeinsam die Nacht verbringst, sei bitte achtsam, dass du dessen kostbaren Schlaf nicht störst.

Am Morgen kannst du dir dann die Zeit nehmen, deinen Träumen noch einmal nachzuspüren. Was möchten sie dir zuflüstern? Was geschieht in deinem Herzen, wenn du dich erinnerst? Notiere dir alles, denn dadurch löst du die Rätsel in dir.

Bedanke dich bei den Einhörnern der Nacht dafür, dass sie dich begleitet haben. Diesen Respekt und diese Achtsamkeit haben sie verdient.

Nun kannst du gemeinsam mit deinem persönlichen Einhorn ein paar Fragen beantworten. Du kannst es schriftlich tun oder einfach nur in deinem Herzen:

Was für ein Bild ergibt sich aus deinen Träumen in dieser Nacht?

Was für Gefühle tauchten währenddessen auf?

Wie fühlst du dich im Moment?

Mit welchen Ereignissen der vorangegangenen Zeit waren die Träume verbunden?

Welche Menschen spielten eine Rolle, und was haben sie getan?

Entschlüssele ihre Rollen, und entlasse sie gegebenenfalls aus deinem Leben, wenn sie dir nicht wohlgesonnen sind. Wenn sie dich unterstützt haben, danke ihnen. Diese achtsame Energie kommt immer auf positive Weise zu dir zurück.

Träume sind wertvolle und wichtige Hinweise, wie du dein Leben verbessern kannst. Vor allem Albträume tragen kostbare Botschaften in sich. Sie zu entschlüsseln, kann ein Wendepunkt in deinem Leben sein.

Du kannst dir auch Bücher über Traumdeutung anschauen und aus ihnen lernen. Das Unterbewusstsein ist ein wunderbarer Ratgeber. Du wirst bemerken, dass du durch die aufmerksame Beobachtung deiner Träume viel mehr Selbstvertrauen bekommst, weil du dich selbst immer besser kennenlernst.

So kann die Nacht wieder zu dem werden, wozu sie immer da war: um dir Ruhe und Erholung zu schenken, damit du am Tage voller Kraft und Freude leben kannst.

Arktoran –
Licht in der Dunkelheit

»Im Dunkeln verborgen warten die Schätze
deines Lebens darauf, gehoben zu werden.«

Die Botschaft

In jeder Dunkelheit und Angst findest du das wahre Licht deines Seins. Ich führe dich hinein und schütze dich. Du wirst erkennen, dass deine größten Schätze im dunklen Verborgenen auf dich warten. Vertraue dir selbst und meiner Macht – gemeinsam werden wir entdecken, was schon lange ans Licht deines Lebens kommen möchte. Damit du leuchten und strahlen kannst, wie es immer schon geplant war.

Vertraue mir – ich führe dich auf Wegen, die du noch nie zuvor beschritten hast. Ich führe dich durch Abgründe und auf schwarzen Pfaden. Doch dies sind keine negativen Wege – sie führen hin zu deinem Herzen, hin zu deinem innersten Raum, in dem das auf dich wartet, wovor du manchmal am meisten Angst hast: dein Licht.

Die Wege zum Herzen, zum heiligsten inneren Raum, sind geheimnisvoll. Schon früh hast du sie verborgen, um niemandem Gelegenheit zu geben, dorthin zu gelangen und dir deine Kraft und dein Licht zu nehmen. Mit der Zeit hast du diesen Ort vergessen, denn du selbst bist diese Wege auch nicht mehr gegangen.

Heute möchte ich gemeinsam mit dir Lichtkrumen säen, damit sie die vergessenen Wege erleuchten. Ich möchte mit dir durch die Kraft unserer gemeinsamen Liebesenergie die Pforte öffnen. Dahinter wartet dein Licht. Gemeinsam bereiten wir vor, was du dann in aller Ruhe und mit Genuss jeden Tag neu erleben kannst: wie es ist, wenn du leuchtest. Wenn du in aller Größe und Schönheit erstrahlst. Wenn du der Welt zeigen kannst, was alles in dir steckt. Ich begleite dich mit meiner Stärke und meiner Weisheit bis zur Schwelle – und erfreue mich an deinem hellen Licht.

Licht und Dunkelheit

Beinahe jede Seele taucht nach ihrer Ankunft auf der Erde zunächst einmal in die Dunkelheit ein. Sie ist anfangs fremd, denn die Seele ist vor der Zeugung reines Licht und pure Liebe gewesen. Auf diesem Planeten jedoch gilt es, die Dualität zu erfahren. Einige Babys schreien und weinen nicht, weil sie körperliche Beschwerden haben, sondern weil sie die Dunkelheit kaum ertragen. Es ist der Weg aus der Dunkelheit in das Licht der Erkenntnis, der dieses Leben auf der Erde so besonders macht. Denn nirgendwo anders gibt es solche Möglichkeiten im Universum. Die Erde – wie jeder Ort der Schöpfung – ist einzigartig. Du wolltest hierher, um das Dunkel zu erfahren, damit du die Kraft des Lichtes in seiner ganzen, umfassenden Energie erkennen kannst. Denn nur, wenn du das Gegenteil von etwas erfährst, kannst du das, was du bereits besitzt, wirklich schätzen. Wenn du Licht bist, ist es selbstverständlich für dich. Du bist es, doch du fühlst kaum, wie grenzenlos schön es ist. Hier auf der Erde erfährst du es in allen Facetten. Willkommen!

Erleuchtung bedeutet, sich selbst und das eigene Licht zu fühlen, es in all seiner Brillanz, Kraft und Größe leuchten zu lassen, die Dunkelheit zu akzeptieren und als Freund anzuerkennen. Dunkelheit ist nur die Abwesenheit von Licht. Dahinter liegt wieder Licht. Menschen, die sich der Dunkelheit verschrieben haben, um ihre finsteren Gedanken und Taten zu verbergen, zeigen dir die Dualität in aller Deutlichkeit. Sie dienen dir, damit du immer wieder neu entscheiden kannst, ob du lichtvoll zum Wohle deiner selbst und der Schöpfung leben oder die dunkle, kalte Seite deines Seins erfahren willst. Alles ist richtig, denn ob Licht oder Schatten – beides sind Entscheidungen. Und beides dient dem großen Ganzen. In der Dualität hier auf der Erde braucht es den Ausgleich.

Die Einhörner helfen dir, zwischen den vielen Möglichkeiten zu wählen und den wahren Weg deines eigenen Lichtes zu gehen, wenn du es willst. Sie sind genau aus diesem Grunde hier auf der Erde: um den Seelen zu helfen, weise zu wählen. Einhörner verurteilen nicht, denn Bewertungen sind menschlich. Sie dienen dir, um dein inneres Licht zu finden, wenn du sie darum bittest. Sie scheuen nicht die Dunkelheit, denn sie sind machtvoll und stark. Sie halten den emotionalen Schatten fern, und sie schützen vor Übergriffen, sie lassen dich erkennen, warum die Dinge so geschehen, wie du sie erlebst.

Arktoran, der Wächter am Tor deines Lichtes, bringt dich in Kontakt mit der Dunkelheit in dir. Er zeigt dir auf, wo du aus lauter Angst, nicht geliebt und anerkannt zu werden, dein Licht noch verbirgst. Er hilft dir zu erkennen, dass die Zeit gekommen ist, wieder ein Stück mehr zu dem zu werden, was du in Wahrheit bist: Licht und Liebe.

Die Lichtübung

Lege dich ganz gemütlich hin, und entspanne dich. Fühle tief in dich hinein. Spüre deinen Körper. Welche Signale sendet er dir?

Spüre deine Gedanken. Entlasse alle alten Gedanken aus deinem Kopf. Sie haben lange genug darin herumgespukt. Atme tief ein und aus. Spüre, wie frische Energie deinen Körper durchflutet.

Nun fühle in dir deinen heiligen Raum. Beobachte, am besten mit geschlossenen Augen, wie er aussieht. Fühle, welche Energie sich dort befindet. Ist die Quelle deiner Energie groß oder klein? Gibt es Licht oder Schatten an diesem Ort? Alles, was du erkennst, ist richtig, denn es zeigt dir den Zustand, in dem du bist. Sei frei von Bewertung. Akzeptiere, was ist.

Lade Arktoran nun ein, mit dir gemeinsam das Licht deiner Seele zu befreien, damit es intensiver scheinen kann. Er wird die Dunkelheit aus deinem Körper, deinem Geist und deinem gesamten Energiefeld wieder zu Licht machen, wenn du es willst. Du kannst ihm dabei helfen, indem du dir vorstellst, wie du zu leuchten beginnst. Stelle dir vor, dass jede deiner unzähligen Zellen im Körper plötzlich golden strahlt. Alles in dir wird hell, alles in dir wird zu reiner Freude.

Jetzt dehne das Licht aus. Es breitet sich um deinen Körper in deiner Aura aus. Dein ganzes, weites Energiefeld beginnt zu leuchten. Alles Dunkle in dir und um dich herum wird durchleuchtet, bis es wieder reines Licht ist. Stelle dir vor, wie du im Geist als reines Lichtwesen aufstehst und immer größer und heller wirst. Du wächst über den Raum, in dem du liegst, hinaus – durch das Dach des Hauses, bis in den Himmel. Breite im Geist als Lichtwesen die Arme aus, und genieße es, immer größer zu werden. Du kannst die Welt unter dir sehen. Du kannst ihre Schönheit und ihre Pracht erkennen und sie mit deinem Strahlen zu noch größerer Erhabenheit bringen. Mit deinem Licht machst du die Erde zu einem noch schöneren Ort, an dem du, gemeinsam mit allen anderen Seelen, glücklich sein kannst.

Filimor und der Frosch –
Begegnung am Teich

*»Das Fremdartige mit offenem Herzen
begrüßen zu können, ist ein Segen.«*

Das Einhorn trifft beim Trinken aus dem Teich einen neuen Freund: den kleinen Teichfrosch. Es spricht zu ihm:»Ich sehe dich und frage mich, ob wir einander etwas zu geben haben. Ich fühle deine Angst wegen meiner Größe und Fremdartigkeit, doch ich bin dein Freund. Auch wenn ich so anders bin, so schätze ich dich doch, weil du eine wunderschöne Seele hast. Lasse uns das Wasser in Frieden teilen.«

Die Botschaft

Die Erde ist groß. Die meisten Menschen können immer nur einen kleinen Ausschnitt kennenlernen. Es gibt so viel zu erleben und zu erforschen. Dein Geist ist neugierig. Er will lernen, möchte Informationen sammeln und sich beständig ausdehnen. Deine Seele möchte Erfahrungen machen, will fühlen und erkennen. Neugierde ist ein natürlicher Trieb, der nicht nur Menschen, sondern allen lebenden Wesen eigen ist. Neugierde auf Neues macht mutig, trifft aber manchmal auf Ängste, die es zu überwinden gilt, und macht Freude, wenn das Neue eine Bereicherung für das eigene Leben wird.

Sei wieder neugierig auf das Leben und seine Wunder. Du findest sie im Kleinen und im Großen. Besonders die Begegnung zwischen Menschen ist von großem Wert. Ihr alle seid einander Lehrer und Schüler. Jeder Mensch ist etwas ganz Besonderes. Jeder Mensch hat es geschafft, mit einem wichtigen, einzigartigen Plan auf diese Erde zu kommen. Selbst wenn dein Gegenüber dir als ein »schlechter« Mensch erscheint, so hat auch er seine Aufgabe zu erfüllen, die wichtig für das Ganze ist – sonst gäbe es ihn einfach nicht. Die Schöpfung begeht keine Fehler. Auch du machst keine Fehler. Das einzig Wichtige ist die Bereitschaft, aus einer Handlung, die nicht den gewünschten Erfolg hatte, zu lernen.

Begegne dir, dem Leben und den Seelen um dich herum mit offenem Herzen. Dann wirst du Freude finden – und neue Freunde, die dein Sein bereichern. Du kannst jeden Tag aufs Neue lernen und wachsen. Du kannst dein Licht und deine Liebe ausdehnen und andere Seelen berühren. Du kannst dich im Spiegel ihrer Sehnsüchte, Ängste und Wünsche erkennen. Sie zeigen dir den Weg hin zu deinem Seelenziel.

Wachstum, Evolution – und Freundschaft

Alles auf der Erde verändert sich in jedem Moment. Die Menschheit glaubt zwar daran, dass es viel schöner und angenehmer ist, wenn alles bleibt, wie es ist, doch das ist ein unerfüllbarer Wunsch. Allein schon eure Körper verändern sich in jedem Augenblick. Zellen teilen sich, vergehen und entwickeln sich neu, um euren Körper am Leben zu erhalten. Eure Ansichten und Ideen verändern sich mit jeder Erfahrung. Ihr entwickelt ständig neue Geräte, Techniken und Systeme, um euch das Leben zu erleichtern.

Die Menschheit ist träge, was Veränderungen betrifft. Es braucht Jahre, Jahrzehnte, manchmal Jahrhunderte, bis sich neues Wissen verbreitet. In diesen Zeiten scheint alles immer schneller zu gehen. Wissen ist leichter zugänglich dank der neuen Medien. Es ist heute viel leichter, Neues zu erlernen und zu erfahren. Es ist viel leichter, andere Menschen zu finden und miteinander Gedanken und Gefühle zu teilen.

Nun ist es wichtig für dich, geliebte Seele, das Beste aus dem zu machen, was dir zu Füßen gelegt wird. Wie entscheidest du dich:

Möchtest du für dich sein und deine Entwicklung möglichst langsam und bedächtig voranbringen?

Oder möchtest du das Neue mit offenen Armen begrüßen und dich möglichst schnell von einer Stufe der Entwicklung zur anderen bewegen?

Beides ist gut, solange es dein eigenes Tempo ist, dich zu entwickeln. Wisse, dass sich die Entwicklung nun viel leichter und schneller fördern lässt. Die Energie, die euch allen auf der Erde zur Verfügung gestellt wird, hilft dabei, die Trägheit zu überwinden. Sie fordert und fördert Wachstum, Evolution und Mutation. Während es in der Vergangenheit auf Erden eher langsam zuging, steht euch nun ein gewaltiger Dimensionssprung bevor, wie es ihn seit Anbeginn der menschlichen Entwicklung nur selten gab. Nutze ihn für dich auf deine einzigartige Weise.

Entwicklung braucht Offenheit. Offenheit braucht Mut. Mut braucht Energie. Wir schenken sie dir. Atme sie ein, denn sie ist jetzt, in diesem Moment, bei dir. Jetzt ist die Zeit für frische, klare Gedanken. Jetzt ist die Zeit, dein Herz bereit zu machen für neue Erfahrungen. Sei dir gewiss, dass du gefördert und beschützt wirst. Öffne deine Augen und deine Sinne. Gehe bewusst durch den Tag, und erfasse, was wichtig für dich ist. Sei offen für Wunder und Begegnungen. Sei offen für das Glück, das dich im Herzen berühren will. Nimm die Geschenke des Lebens wahr. Sieh den Menschen in die Augen, denn sie sind das Tor zu ihren Herzen und ihren Seelen. Dort liegen viele Antworten, auf die du schon lange gewartet hast.

In Begegnungen liegen Schätze verborgen – jeden Tag. Sei offen, dann wirst du sie entdecken!

Herzöffnungsübung

Wenn du gern lernen möchtest, voller Vertrauen dein Herz für neue Menschen und Wunder zu öffnen, ist vor dem Schlafengehen die beste Zeit.

Lege dich bequem hin, schließe die Augen, und spüre deinen Körper. Entspanne dich, und atme tief ein und aus.

Nun lade alle himmlischen und irdischen Kräfte ein, dich bei dieser Übung zu unterstützen. Du kannst deinen Schutzengel einladen, deine Krafttiere und natürlich dein persönliches Einhorn. Stelle dir vor, dass sie mit ihrer wundervollen Energie um dich herum sind und dich in lichtvollen Schutz hüllen.

Nun lege deine Hände auf dein Herz. Fühle die Wärme und den Herzschlag direkt unter deinen Handflächen. Dort ist der Schwingungsmittelpunkt deines Lebens. Über dein Herz bist du mit allem verbunden, was existiert. Dein Herz zu öffnen, ist der Start in ein bewusstes Leben voller Wunder.

Stelle dir vor, dein Herz wäre ein Haus. Im Moment sind die Türen des Hauses geschlossen. Du bist dadurch im Haus sicher, doch auch allein. Wenn du jetzt die Türen öffnest und voller Freude alle Menschen einlädst, die dir guttun, setzt du ein Zeichen. Diese wunderbaren Menschen, die vielleicht schon lange vor deinen Türen stehen, dürfen sich endlich zeigen – egal, ob dies neue Freunde sind, ein neuer Partner oder der geliebte Mensch an deiner Seite, der schon lange darauf wartet, dass dein Herz sich öffnet, damit du wirklich geliebt werden kannst.

Nimm nun langsam die Hände von deinem Herzen, und öffne damit die Türen. Nun kann ganz viel Liebe und Licht in dein Herz strömen. Es wird hell und freundlich im Haus deines Herzens. Stelle es dir so intensiv vor, wie du kannst. Je deutlicher du es vor deinem inneren Auge siehst, desto klarer ist der Impuls an deine Umwelt.

Bitte nun dein Einhorn, gut auf dich aufzupassen und dein Herz mit lichtvoller Energie zu schützen. Alles, was dir wirklich guttut, darf hinein, und alles, was nicht zu deinem Seelenplan passt, bleibt achtsam draußen. Dein Herz wird sichtbar und offen für alle, die es gut mit dir meinen und dich auf deinem Lebensweg liebevoll unterstützen können.

Mit diesem herrlichen Gedanken kannst du nun einschlafen. Du bist rundum beschützt und behütet.

Hentjadors
Blumensturm-Galopp

»Es geht voran! Vertraue deinem Instinkt, und sei aktiv. Es ist Zeit für kraftvolle, dynamische Handlungen. Du bist frei!«

Die Botschaft

Du hast eine Menge Energie in dir. Diese Energie möchte sich nun bündeln und auf ein Ziel richten. Du kennst das Ziel. Du spürst es schon eine ganze Weile in dir brodeln. Dein Herz weiß um die Wichtigkeit, nun ins Handeln zu kommen. Kein Zögern mehr, keine Zweifel mehr. Manche Dinge brauchen Geduld, manche brauchen die Initiative zu handeln. Jetzt ist der Zeitpunkt gekommen, anzupacken. Nimm die Chance wahr, die das Leben dir zuspielt. Nimm die Geschenke an, die dir zu Füßen gelegt werden. Das Leben meint es gut mit dir. Erlaube dir, dein Ziel mit Leichtigkeit und Freude zu erreichen, und genieße den Weg dorthin. Du bist ein wertvolles Geschöpf – du hast es verdient, glücklich zu sein.

Freiheit, Dynamik und Handlungsfähigkeit

Wirst du manchmal gebremst durch ein Gefühl des Gefesseltseins und der Handlungsunfähigkeit? Dann trägst du in dir wahrscheinlich ein paar Glaubenssätze, die dir vermitteln möchten, dass du es nicht verdient hast, an deine ersehnten Ziele zu gelangen. Jetzt ist es Zeit, diese alten Gewohnheiten, Vermutungen und erlernten, vermeintlichen Gewissheiten hinter dir zu lassen. Wenn du allzu lange immer die gleichen Wege gehst, das Gleiche siehst, hörst und sagst, wird es zu einer Gewohnheit. Deine Gedanken kreisen immer nur um die gleichen Worte, Ereignisse und Ideen. Nichts Neues hat Raum. Deine Energie wird dumpfer, schwingt immer niedriger und zu guter Letzt fehlt dir jegliche Dynamik und Kraft, um etwas Neues auszuprobieren.

Jetzt ist die Zeit zum Handeln! Die Energie will aufgefrischt und neu genährt werden. Deine Gedanken sind neblig und langweilig geworden. Sie haben dich müde gemacht. Deshalb dürfen sie deinen Kopf verlassen, um Platz für neue Impulse und Ideen zu machen.

Frische Gedanken – eine kleine Übung

Gehe nach draußen, nimm dein Lebensbuch samt Stift mit, und stelle dich unter den freien Himmel. Wenn ein Ort in deiner Nähe ist, an dem du weit übers Land blicken kannst, mache dich auf den Weg dorthin. Fühle dich und deine Gedanken, breite die Arme weit aus, und stelle dir vor, wie sich die Gedanken aus deinem Kopf befreien. Lange genug waren sie eingesperrt, nun fliegen sie wie matte Nebelschleier aus deinem Kopf in die Luft. Sei dankbar dafür, dass sie da waren, und spüre, wie sich in deinem Kopf eine wundervoll kühle, frische und friedliche Ruhe ausbreitet. Du wirst immer klarer. Genieße diese Klarheit und Freiheit in deinem Verstand, solange du kannst und willst.

Nimm nun dein Lebensbuch, und schreibe dir ganz spontan das nächste Ziel deines Lebens auf. Es kann ein kleines oder auch ein großes Ziel sein. Jetzt stelle dir vor, wie du – wie ein Magnet – ganz neue Gedanken anziehst, die dir helfen, dein Ziel voller Leichtigkeit und Spaß zu erreichen.

Mache diese Übung immer wieder, wenn du dich innerlich im Kreis drehst, statt vorwärtszukommen.

Du kannst nur neue Wege gehen, wenn du neue Gedanken denkst. Alte Gewohnheiten führen nur zu alten Zielen. Vor dir liegen noch so viele schöne und wichtige Ereignisse, die du

JETZT anstreben kannst. Bitte dein persönliches Einhorn, dir Mut und Kraft zu schenken, damit du aktiv werden kannst. Damit du voller Zuversicht und Hoffnung das Glück einladen kannst. Damit du die Chancen für sinnvolle Veränderungen erkennst und zupacken kannst.

Glaube an deine innere und äußere Freiheit. Spüre sie. Egal, wo du bist, welche Lebensumstände du gewählt hast oder was du machst – du bist immer frei, neu zu handeln und zu wählen. Du kannst dich immer FÜR oder GEGEN etwas entscheiden. Die Konsequenzen trägst du für jede deiner Entscheidungen. Du kannst immer wählen zwischen Starre und Freiheit, zwischen Bewegungslosigkeit und Handeln, zwischen Leid und Freude, zwischen Alt und Neu. Dein freier Wille ist heilig. Du kannst dir helfen lassen – von Menschen, Büchern, Therapien oder den Einhörnern. Es gibt viele Möglichkeiten, neue, wichtige Impulse zu bekommen. Es kommt darauf an, wie wichtig dir deine Freiheit und deine Ziele sind. Höre auf dein Herz. Es kennt immer die Wahrheit, die für DICH wichtig ist.

Einhörner der Sonne

»Genieße das Leuchten und die Energie der Sonne. Sie schenkt dir Kraft, Lebensfreude und Selbstvertrauen.«

Die Botschaft

Genieße die Kraft der Sonne, die wir dir schenken. Fühle sie tief in deinem Körper. Sie wärmt dich, nährt dich und füllt dich mit frischer Energie. Deine Zellen tanzen im sanften Takt der Lebensfreude – wir tanzen mit! Lasse jede Zelle von Licht und Kraft durchfluten. Gib dich deinem Heimatstern hin, der ewig für dich leuchtet. Sonnenenergie bringt Power, Glück und Mut. Atme tief und spüre deine Lebendigkeit!

Unsere Aufgabe ist es in diesen Zeiten, euch an das zu erinnern, was ihr seit Ewigkeiten wisst, in den letzten Jahrhunderten jedoch vergessen habt:

Sonnenkraft schenkt der ganzen Erde Leben spendende Wärme und Energie. Durch sie findet jede Form von Entwicklung statt. Mit jedem Sonnensturm, der durch das permanente Brodeln auf der Oberfläche dieses glühenden Sterns entsteht, gibt es Veränderungen auf der Erde. Die ganze Welt ist durch die Sonne im ständigen Wandel – auch du. Auch deine Zellen nehmen begierig die Energie der Sonne in sich auf, wenn sie dürfen. Die zivilisierte Menschheit hat sich der Sonne immer mehr entzogen. Ihr versteckt euch in Häusern, unter Kleidung und Chemikalien, um die Strahlen eures Heimatplaneten abzuhalten. Alles Gute und Lebenswichtige verwandelt ihr und passt es euren unnatürlichen Alltagsprozessen an. Für viele Menschen würde es eine enorme Verbesserung ihres Lebens bedeuten, wenn sie ganz ihren natürlichen Instinkten folgen dürften und könnten. Vor allem die Schlaf- und Wachphasen, die durch die Sonne, die Drehung der Erde und die unterschiedlichen Tageslichtphasen gesteuert werden, sollten sich wieder natürlich regeln. Die Menschheit unterschätzt ihre Verbindung zur Natur. Euer Energiesystem ist immer mit allem verbunden, was um euch herum passiert. Wenn ihr euch eurem ureigenen, besonderen inneren Rhythmus wieder annähert, können alle Prozesse in euch und um euch herum wieder ins Gleichgewicht kommen.

Schlaf braucht der Körper zur Regeneration. Die Schlafphasen richten sich bei jedem Wesen auf Erden nach der Sonne. Fühle, welche Zeit für dich richtig und wichtig ist, um einzuschlafen und aufzuwachen. Du hast immer die Möglichkeit, deine beruflichen und familiären Umstände achtsam und voller Selbstbewusstsein an deine Bedürfnisse anzupassen. Du bist nicht auf der Erde, um für andere zu funktionieren, sondern um dein Glück zu finden.

Auch die Lebensfreude ist unter anderem verbunden mit der Sonne. Um voller Freude und mit ganz viel Spaß durch das Leben zu wandern, benötigst du Energie und Selbstvertrauen. Beides schenkt dir die Energie der Sonne. Selbst wenn sie hinter Wolken versteckt zu sein scheint, so berührt sie dich doch immer, wenn du dich ganz bewusst im Freien mit ihr verbindest.

Freude, Glück und Energie tanken
Eine kleine Übung

Finde einen Platz unter freiem Himmel, der dir gut gefällt und an dem du ein wenig Ruhe hast. Wende dich der Sonne zu – egal, ob sie warm auf deine Haut scheint oder ihr schönes Antlitz hinter Wolkenbergen versteckt. Fühle die Erde unter deinen Füßen. Sie hat deinem Körper Leben geschenkt, und aus ihr ist er entstanden. Danke der Erde dafür, dass sie dich trägt und nährt – jeden Tag. Fühle deinen Körper von den Füßen bis zum Scheitel. Atme tief und gleichmäßig. Spüre deinen kraftvollen Herzschlag.

Nun lege eine Hand auf deinen Bauch, in Höhe des Magens. Dort sitzt der »Solarplexus«, der auch »Sonnengeflecht« genannt wird. Im anatomischen Sinne ist er ein ganz besonderes, wichtiges Nervengeflecht in deinem Bauch. Gleichzeitig ist das Solarplexus-Chakra das Energiezentrum für dein Selbstvertrauen, die Lebensfreude und deine Lebensenergie. Spüre dieses wichtige Zentrum deines Körpers. Wie fühlt es sich an? Ist es leer und still, oder ist es satt und brodelt es voller Glück?

Jetzt kannst du dich auffüllen. Öffne dieses Energiezentrum, indem du langsam die Hand wegnimmst, als würdest du eine Tür öffnen. Stelle dir nun bildhaft vor, wie leuchtende, glitzernd goldene Energiestrahlen aus der Sonne in deinen Bauch fließen und die Quelle deiner Energie randvoll auffüllen. Von deinem Bauch aus fließt die Energie in alle Körperteile und nährt jede einzelne Zelle, bis alles golden leuchtet. Nun bist du satt an Kraft. Spüre die wiederkehrende Zuversicht. Mit dieser Kraft kannst du vieles bewegen. Spüre die Freude am Leben. Dies ist DEIN Leben, das du selbst steuern und verändern kannst, wenn du willst. Es ist DEIN Glück, das du fühlen kannst.

Sättige dich mit Energie, damit du dem Leben und deiner inneren Wahrheit voller Freude folgen kannst.

In diesem Leben bist du ein Kind der Erde und der Sonne. Dein Körper und auch dein Geist werden immer von deren Schwingungen beeinflusst. Das hast du einst so gewollt, als du dich für ein Leben hier entschieden hast. Erkenne deinen Platz auf diesem Planeten, und spüre dich zurück in die Verbundenheit mit allem, was auf ihm existiert. Diese Verbundenheit gibt dir viel Kraft, die du sonst achtlos verschenkst und vergeudest. Es ist Zeit, wieder alle Ressourcen zu nutzenuf achtsame, respektvolle Weise.

Die alten Völker haben die Sonne und die Erde als Gottheiten verehrt, weil sie um ihre Macht und ihren Einfluss auf die Menschen wussten. Sie waren verbunden mit allem und alles mit ihnen.

Alles beginnt immer im Herzen eines einzigen Menschen. Wenn du deine wohlwollende, freundliche Verbundenheit zum großen Ganzen wiederfindest, kann sich schon sehr viel verändern. Findet dann das Bewusstsein aller Menschen zurück zum Ursprung und zur Einheit, wird sich die Erde in ein Paradies verwandeln, in dem jeder das erhält, was er braucht, um glücklich zu sein – voller Frieden, Sonne, Glück und Freude.

Androbar –
Einhorn der Kraft

»Kraft, Macht und pure Energie wollen sinnvoll
gelebt werden!«

Die Botschaft

In dir steckt eine ungezähmte, machtvolle Kraft. Sie ist hell und dunkel zugleich. Sie ist Licht und Schatten in hoher Potenz. Diese Kraft ist wild und gefährlich, ist Wille, Lust und pure Energie. Sie ist immer da. Du kannst sie unterdrücken und fesseln, doch sie wird sich immer Bahn brechen, denn sie will heraus und gelebt werden. Je mehr du sie einsperrst, desto unberechenbarer wird sie sich zeigen. Führe sie, und lenke sie voller Bedacht und Bewusstsein. Lasse sie durch deinen Körper fließen, und spüre, wie sie deine Muskeln mit Bewegung füllt.

Diese Kraft ist pure Macht, die sich austoben möchte. Wenn du sie lenkst, kannst du sie nutzen, um Welten zu bewegen. Erfahre dich in deiner Kraft, damit sie lebendig bleibt und dir dienen kann, statt als Schatten und Angst dein Leben zu sabotieren.

Du hast die Macht, Wunder zu bewirken mit dieser Kraft. Du kannst aus deinen Schatten Licht erschaffen, indem du die Energie dorthin fließen lässt, wo du sich brauchst. Heile deine Verletzungen, heile dein Herz, und gib das frei, was in dir steckt: die pure Kraft deines großartigen Schöpfergeistes.

Die Welt der Kraft und Übersinne

In der ganzen Menschheitsgeschichte haben nur wenige Menschen ihr großes Potenzial vollständig ausgelebt. Nur eine kleine Schar bewusster Männer und Frauen ging den Weg durch Schatten und Licht, durch Prüfung, Schmerz und Erkenntnis, um am Ende geläutert, gereinigt und voller Klarheit ihre Kraft zu leben. Einige setzten sie ein, um Menschen zu beherrschen, zu manipulieren und auszunutzen, andere stellten sie voller Liebe und Mitgefühl in den Dienst am Menschen.

Diese Kraft ist so groß, dass die Menschen begannen, sie Magie zu nennen. Dabei ist jedem einzelnen Wesen so viel Macht inne, dass es angesichts der zurzeit stattfindenden Menschheitsentwicklung bald selbstverständlich sein wird, was heute noch so selten ist. Magie war seit jeher Ausdruck für die Aktivierung brachliegender Fähigkeiten. Heute kennt die Wissenschaft Begriffe wie Telepathie, Telekinese, Empathie und andere mehr. Alle beschreiben Fähigkeiten, die jeder Mensch besitzt. Landläufig werden viele dieser wissenschaftlichen Begriffe zusammengefasst unter der Bezeichnung »sechster« oder »siebter« Sinn. Neben den fünf Sinnen Schmecken, Tasten, Riechen, Hören und Sehen gibt es noch viele andere, feinere »Antennen«, die alle Lebewesen nutzen.

Die Fähigkeit, über die Schwingung des körpereigenen Energiefeldes, das jedes Wesen umgibt, die Stimmung des Gegenübers zu erahnen, nutzen die meisten Menschen unbewusst. Sobald ihr euch einander nähert, fühlt ihr, wie sich der andere fühlt. Ihr nehmt es auch mit euren fünf Sinnen wahr, doch die Schwingung erreicht euch schon lange, bevor ihr wirklich sehen könnt, wie es dem anderen geht.

Über die Fähigkeit der Telepathie, des Gedankenlesens und -übermittelns, kommunizieren viele Naturvölker, wie zum Beispiel Stämme der australischen Aborigines ganz selbstverständlich über sehr große Distanzen. Jeder Mensch kennt das Phänomen, dass er an einen anderen Menschen denkt und dieser kurze Zeit später anruft oder auftaucht.

Der Begriff Telekinese meint die Fähigkeit, durch reine Gedankenkraft Gegenstände bewegen zu können. Empathie ist die Reaktion auf die Emotionen eines anderen Wesens. Verbunden mit Mitgefühl ist sie ein kraftvolles Mittel, die Umwelt wahrzunehmen. Empathie hat ein großes Potenzial, zum Wohle aller diese Welt zu verändern.

Es gibt noch zahlreiche andere Fähigkeiten, die der Mensch über die angeborenen, lebenserhaltenden fünf Sinne hinaus entwickeln kann.

Sogar die Wissenschaft kann inzwischen in klinischen Studien solche Phänomene eindeutig messen und somit nachweisen, aber noch nicht schlüssig erklären. Sie werden deshalb vorläufig von einigen Menschen ins Reich der Mythen, Märchen und des Science-Fiction verbannt. Doch ihr alle besitzt sie. Sie schlummern in den nicht aktivierten Bereichen eures Gehirns, im Herzen und im Darm. Überall dort sitzen Milliarden von Neuronen (Nervenzellen), die denken und fühlen. Sie warten auf den Weckruf, damit sie euch dienen können, euer ganzes Potenzial zu entfalten. Jede einzelne Körperzelle ist ein Wunderwerk, das mehr kann, als nur zu funktionieren. Wird jede Zelle bewusst in den Alltag eingebunden, seid ihr alle imstande, Wunder zu bewirken. Der Schlüssel ist immer die Selbstliebe. Wenn ihr euch selbst liebt und annehmt, wie ihr seid, findet ihr im Einklang mit eurer Kraft und Macht neue Wege, um ein Leben zu gestalten, das euch gefällt.

Wie alles auf dieser Erde kann, wie schon erwähnt, auch diese große, schlafende Kraft in vielfacher Weise genutzt werden. Worte können Kriege entfachen und beenden. Eine einzige Geste kann zerstören und erschaffen. Es ist an euch, wie ihr euch ausrichtet und was ihr erreichen wollt. Geht ihr behutsam, voller Respekt und Liebe für das große Ganze zu Werke, könnt ihr ein Paradies auf Erden erschaffen.

Einzig euer Ego kann die Grenze bestimmen. Wenn es Angst bekommt oder verletzt wurde, so wird die Kraft leicht missbraucht, um die eigenen Grenzen zu schützen und den inneren Kern vor neuen Angriffen zu bewahren. Auch hier können die Übersinne dienlich sein. Wenn das Ego Geschmack an der Macht über andere Menschen bekommt, kann es die Übersinne hervorragend einsetzen, um nach dem eigenen Willen andere zu missbrauchen und zu manipulieren.

In allen Dingen auf der Erde wohnt Licht und Schatten. Worauf richtest du dich aus?

Nutze die Macht in dir, als Schöpfer/in das zu erschaffen, was du dir vorstellst. Du kannst dein Licht leuchten lassen, kannst deine Berufung finden und leben, und du kannst in Liebe und Einklang mit allen Menschen und der ganzen Schöpfung existieren. Du kannst dein Glück finden und leben – zum Wohle aller Beteiligten. Diese Erde ist ein riesiger Spielplatz, auf dem du alles ausprobieren kannst, was du für richtig hältst. Auch dein Schatten darf sein und sich ausprobieren. Nur in der menschlichen Bewertung gibt es »richtig« und »falsch«. Deshalb muss jeder Mensch jeden Tag aufs Neue entscheiden, wie er mit sich und seiner Umwelt umgehen möchte. Auch du entscheidest jeden Tag und in jedem Moment, wie du deine Sinne und deine Kraft einsetzt. Sei einfach neugierig und probiere dich und deine Sinne aus.

Erwecke deine Macht – Trainingsübung für alle schlummernden Potenziale

Nimm dir Zeit, und finde einen Raum, in dem du Ruhe hast. Du kannst innerhalb eines Gebäudes, aber auch an einem ruhigen Ort in der Natur deine Sinne wecken. Dort fühlst du die Kraft der Erde besser, die dich unterstützen kann. Spüre, was dir im Moment am liebsten ist.

Entspanne dich, und starte eine Reise durch deinen Körper. Wenn du kannst, spüre dich so komplett und umfassend, wie es dir möglich ist. Spüre nach, wie sich dein Körper anfühlt. Wo ist alles im Fluss und entspannt, wo ist der Kreislauf der Energie ins Stocken oder gar zum Erliegen gekommen? Wo ist es hell und warm in dir, wo ist es dunkel und kalt? Allein schon diese zwei Fragen bringen deine Achtsamkeit in dein innerstes Zentrum. Und dort ist auch die Quelle deiner großen Kraft. Sie steckt in jeder einzelnen Körperzelle. Sie pulsiert über dein Herz in alle Bereiche deines Körpers und auch deines Geistes. Denn dein Pulsschlag erzeugt stetig Schwingungen, die dich wiederum mit allem verbinden, was existiert. Du bist Geist und Materie zugleich. Du bist ein großes, komplexes Wesen mit einem weiten Schwingungsfeld. Spüre dich über deinen Körper hinaus. Dein Geist sitzt nicht nur in deinem Kopf, sondern ist pure Energie, die sich weit ausdehnen und vieles spüren kann, das um dich herum existiert. Dehne deine Sinne aus. Lausche mit geschlossenen Augen, was um dich herum geschieht. Schaue mit deinem inneren Auge, und stelle dir die Menschen vor, die du kennst und magst. Stelle eine liebevolle Herzensverbindung her und schicke ihnen Liebe – einfach so. Liebe ist die kraftvollste Schwingung. Sie wirkt am stärksten. Die Schattenkraft der Liebe ist der Hass. Auch er wirkt schnell – in entgegengesetzter Richtung. Beide Energien kommen wie ein Bumerang mehr oder weniger schnell zu dir zurück.

Spüre mit allen Sinnen die Erde, auf der du lebst. Spüre den Kosmos, der dich umgibt.

Je öfter und intensiver du auf diese kostbare Weise meditierst, desto klarer wirst du erkennen, wie alles miteinander verbunden ist. Du wirst immer deutlicher wahrnehmen, was wirklich um dich herum passiert. Du wirst nicht länger mit Scheuklappen durch die Welt laufen, sondern dich für die Bedürfnisse deines eigenen Körpers öffnen und gut für ihn sorgen können. Somit kann dir auch dein Körper besser dienen. Mit der Zeit wirst du offen sein für all die Wunder, die ständig um dich herum sichtbar sind. Endlich kannst du sie erkennen. Du wirst bemerken, dass auch du ein Wunder bist – ausgestattet mit einem großen Arsenal an Energie, Macht und Möglichkeiten.

Alles untersteht Gesetzmäßigkeiten, die für Menschen bisher noch unüberschaubar sind. Doch allein schon mit Liebe und Mitgefühl kannst du die Kraft in dir lenken und deine Übersinne trainieren. Genieße dein Leben, denn das ist der wichtigste Grund, auf der Erde zu leben.

Henjafor –
Einhorn der Lebensfreude

»Lebensfreude ist das höchste Ziel, das es als
Mensch zu erreichen gilt!«

Die Botschaft

Schaue an, wie ich mich freue! Das Leben ist herrlich – voller Abenteuer und Glück, voller Sonne und frischer Luft, voller Wind und Leichtigkeit. Schaue dein Leben an, und blick auf die Sonnenseite. Lasse den Schatten hinter dir, und erfreue dich an der Schönheit, die um dich herum ist. Das Leben ist schön.

Wenn es um Lebensfreude geht, gibt es niemals einen besseren Zeitpunkt als JETZT. Jetzt ist der Moment, in dem du dich freuen kannst zu leben. Jetzt ist der Moment, in dem du glücklich sein kannst, in dem du stolz auf dich sein kannst. Es gibt so viele Erinnerungen in dir, die schön sind. Auf sie kannst du zurückgreifen, wenn dir manchmal dein eigener Schatten die Sicht auf das große Glück deines Lebens verdunkelt. Erinnere dich, dass du bereits viele wundervolle Augenblicke genießen konntest. Und wenn das so war, kann es wieder so werden.

Lebensfreude ist wie Zufriedenheit ein Grundgefühl. Glück ist eine Momentaufnahme, eine Ausrichtung auf den einzelnen Augenblick, in dem alles perfekt zu sein scheint. Doch Lebensfreude ist ein Strom warmer Gewissheit in deinem Herzen. Es ist die Gewissheit, dass hinter allen dunklen Wolken die Sonne mit ihrem Licht den Himmel beherrscht. Lebensfreude ist die innere Ausrichtung auf die Schönheit deiner Seelenenergie – auf die Liebe, die überall schwingt und nur darauf wartet, dein Herz und deinen Geist zu füllen. Erfreue dich am Leben wie ein Kind.

Lebensfreude fühlen
Eine kleine, praktische Übung

Du kannst Lebensfreude trainieren. Nimm dir ein paar Tage lang vor, dich auf das zu konzentrieren, was dir wirklich Spaß macht. Sei wie ein Kind, das ganz genau weiß, was gut und was weniger schön ist. Entscheide aus dem Herzen und dem Bauch heraus, was du machen möchtest, damit du dich rundum zufrieden und glücklich fühlst.

Lebensfreude ist Lachen, ist Leichtigkeit und lebendiger Austausch mit deiner Umwelt. Es ist so schön, Freude zu fühlen und zu teilen. Wie die Liebe verdoppelt sie sich, wenn du sie freimütig verschenkst und andere damit ansteckst. Wenn ein Mensch sich nicht von dir inspirieren lassen möchte, respektiere seine Entscheidung, und ziehe weiter mit deiner Freude. Je öfter du Freude genießt und sie in jeder Lebenslage spüren kannst, desto mehr ziehst du sie wie ein Magnet in dein Leben.

Lebensfreude ist die Entscheidung, das Leben zu genießen – mit allen Sinnen, mit Herz, Verstand und Bauchgefühl. Es ist die Entscheidung, die innere Freiheit anzuerkennen und nach der eigenen tiefen Wahrheit zu leben. Wenn du immer mehr zu dem Menschen wirst, der du, verborgen unter den alten Glaubenssätzen und anerzogenen Wahrheiten, bist, sprengst du die Ketten und Fesseln der Vergangenheit und deiner Vorfahren. Lebensfreude steckt in jedem Menschen, denn sie ist Ziel und Antrieb zugleich. Ohne die Hoffnung, dass das Leben Spaß machen kann, würden die meisten Menschen irgendwann gänzlich aufgeben. Doch da ist eine Zuversicht, eine leise rufende Erkenntnis, dass jede Seele das Allerbeste aus ihrem Leben machen kann. Du hast die Möglichkeiten, die Fähigkeiten und die inneren Werkzeuge dafür, rundum glücklich zu sein.

Genieße dein Leben, und fühle die wilde, unbändige, leuchtende Lebensfreude in dir. Lasse sie frei wie der Wind durch deine Tage toben, und schenke ihr Raum, damit sie sich entfalten kann. Mit jedem Augenblick voller Lebensfreude entfaltet sich dein ganzes Sein ein wenig mehr in die Welt. Das ist pures Glück.

Silidar –
Einhorn der Leichtigkeit

»Leichtigkeit beginnt, wenn dein Herz anfängt zu lachen. Tanze mit dem Leben, dann umkreisen dich die Schmetterlinge des Glücks.«

Die Botschaft

Ich bin lebendige Leichtigkeit. Ich bin das feine Tanzen, das glückliche Schweben und die Freundin der Schmetterlinge. Die Unsterblichkeit ist mir so nah wie deine Seele. Fühle die Freiheit der Leichtigkeit – ich schenke sie dir.

Leichtigkeit ist eine Lebenseinstellung. Viele Menschen glauben immer noch, dass Leben schwierig und anstrengend ist. Viele sind aufgrund von Kriegen, Depressionen und Mangel davon überzeugt, dass das Leben ein harter Kampf ist. Doch nur eure innere Überzeugung hält euch davon ab, euch der Schönheit und Leichtigkeit hinzugeben.

Du bist ein leuchtendes Wesen, das es verdient hat, voller Leichtigkeit und Fülle durch die Tage zu tanzen. Viele schöne Dinge und Erlebnisse warten noch auf dich. Schaue dir die Natur an: Kein Tier, keine Pflanze kann schneller wachsen, als es für sie vorgesehen ist. Du kannst eine Pflanze düngen, um noch schönere Blüten zu erhalten, doch kann sie nur in einem begrenzten Maße blühen. Alles braucht seine Zeit. Und alle Wesen der Natur genießen diese Zeit, die sie auf Erden haben. Von Geburt an kann jedes Tier genau das, wofür es auf diesen Planeten gekommen ist – genau wie du. Jede Pflanze kennt den Zeitpunkt, wann es gut und richtig ist, zu keimen, zu wachsen und zu blühen – so wie du. In dir ist Gewissheit, die verborgen ist unter dem Glauben deiner Vorgänger. In dir ist tiefe Weisheit, die den Weg in eine Welt voller Leichtigkeit und Freude sucht.

Du kannst leicht sein. Du kannst deine Liebe ausdehnen und die Welt umarmen. Wir sind bei dir, um dir zu zeigen, wie wundervoll Leichtigkeit ist. Strebe mit deiner Seele danach, die Schatten der Vergangenheit hinter dir zu lassen, und erfreue dich an dem, was im Augenblick ist. Erschaffe dir den Zustand, den du

dir ersehnst. Alles ist möglich. Leichtigkeit ist eine Lebenseinstellung, die du üben kannst. Es ist nicht deine Aufgabe, die Last
der Welt auf deinen Schultern zu tragen. Du kannst nur für dich
allein die Verantwortung übernehmen. Jede Seele dieser Welt
trägt allein die Verantwortung für sich. Du kannst andere begleiten, mit ihnen deine Liebe und dein Glück teilen. Du kannst
helfen, wenn du selbst die Kraft und Bereitschaft fühlst – doch
mehr ist nicht nötig.

Leichtigkeit ist ein Gefühl. Es entsteht, wenn du tief durchat-
men kannst, weil du erkennst, dass du ein wichtiger Teil dieser
Welt bist und Ruhe verdient hast. Du hast es verdient, befreit
zu sein von allem Ballast, den du dir im Laufe deines Lebens
auferlegt und gesammelt hat. Du hast es verdient, glücklich und
in deiner ganz besonderen Fülle zu sein. Du darfst dem Leben
gelassen begegnen und dich auf die Wunder und Geschenke
freuen, die es für dich bereithält.

Entspanne dich so oft wie möglich, und fühle die Leichtigkeit,
die immer da ist, wenn du es dir erlaubst.

Alte Glaubenssätze loslassen
Eine praktische Übung

Fühle für dich hinein: Bist du gerade im Mangel? Wenn ja, woran
mangelt es dir? Ist es tatsächlich materieller Mangel, oder ist es
emotionaler Mangel? Was hindert dich daran, deine Grundeinstel-
lung zu verändern? Meistens sind es von den Eltern, den Großeltern und vielen Generationen vor euch existierenden Menschen
übernommene Glaubenssätze, die euch von der Leichtigkeit des
Seins entfernt haben. Wir verfolgen eure generationsübergreifen-
den, vererbten Wissensschätze schon seit Anbeginn der Zeit. Nun

dürft ihr euch endlich neue Weisheiten aneignen, die auf euer Glück und vor allem auf eine echte Leichtigkeit ausgerichtet sind.

Spüre nach, welche Glaubenssätze deine Eltern und Großeltern hatten. Erinnere dich daran, was sie dir als Kind weitergegeben haben. Vieles davon entspringt einer völlig anderen Ära und hält dich einfach nur in der Vergangenheit fest. Die Zeiten haben sich gewandelt ...

Du kannst die alten Lehrsätze aufschreiben und überprüfen. Was nicht zu dir gehört und dein Leben einengt, begrenzt und deine Energie zurückhält, darf gehen. Du kannst kleine Zettel mit den uralten, vererbten Glaubenssätzen machen und sie alle der Reihe nach in einer kleinen, liebevollen Zeremonie verbrennen. Oder du bastelst kleine Papierschiffchen, die du einem Bach oder Fluss voller Dankbarkeit übergibst. Schaue ihnen nach, wie sie dein Energiefeld verlassen, und erinnere dich daran, dass du es verdient hast, glücklich zu sein.

Dies sind herrliche Rituale, um Altes gehen zu lassen, damit es wieder zu Licht und Liebe wird.

Fühle die Erleichterung, und richte deine Aufmerksamkeit darauf, wie schön und leicht du dich nun fühlen kannst. Immer, wenn du bemerkst, dass du wieder an etwas glaubst, was gar nicht deines ist oder dich begrenzt und schwer macht, nutze das heilige Feuer oder das reinigende Wasser, um es gehen zu lassen.

Leichtigkeit fühlen
Ein kleines, entspannendes Ritual

Nimm dir JETZT Zeit – wo auch immer du gerade mit diesem Buch sitzt oder liegst. Fühle dich: deinen Geist, deinen Körper, deine Seele. Fühle, was du bist und wie du deinen Tag genießt und wahrnimmst. Genau jetzt ist ein guter Zeitpunkt, alles loszulassen, was dich schwer macht. Spüre in Gedanken dem nach, was dich gerade belastet und sorgt: Personen, vergangene oder zukünftige Ereignisse, Erinnerungen ...

Stelle dir vor, wie du all diese Dinge nun ganz entspannt loslässt, wie sie wundervoll leicht werden und vor deinem inneren Auge wie Nebelschleier aufsteigen. Alles wird federleicht, durchscheinend und glitzernd. Immer höher und höher steigen all die Gefühle, die dich belastet haben, bis sie aus deinem Sichtfeld verschwinden. Dein ganzer Körper und dein Geist werden ruhig und friedlich. Deine Aura wird rein und leuchtend. Dein Energiepegel steigt beträchtlich an, sodass du den Frieden in dir rundum genießen kannst. Genieße das Hier und Jetzt. Genieße dich, dein Umfeld und die herrliche Leichtigkeit des Seins. Du bist frei.

Dieses schöne kleine Ritual kannst du immer und überall machen, wenn du das Gefühl hast, dich wieder einmal zu sehr belastet zu haben. Genieße das Gefühl der Befreiung. Du allein entscheidest, was du fühlen willst. Altes ist vorbei. Es war wichtig für deine Entwicklung. Kommendes ist ungewiss. Mit guten Gedanken, Leichtigkeit und Freude wird die Zukunft wundervoll. Deshalb genieße JETZT die Schönheit deines Lebens, mache es dir so angenehm wie möglich, und lasse die Sorgen und dunklen Gefühle wie Nebelschwaden von der Sonne des Lebens hinwegschmelzen. Das hast du dir verdient.

Hondrador –
Einhorn der Weisheit

»Weisheit ist gelebtes Wissen. Wende all dein
Wissen an, für ein Leben voller Schöpferkraft.«

Die Botschaft

Fühle die Quelle der Weisheit in dir. Du bist beständig verbunden mit allen Informationen und allem Wissen des Universums. Ich helfe dir gern, die Verbindung zu vertiefen, damit auch du dich an das große Feld der Weisheit anschließen kannst. Habe Vertrauen in die Quelle. Du hast mehr Kraft und Macht, als du dir zugestehst. Jetzt kommt die Zeit, deine wahre Größe zu entdecken und die Weisheit in dir leuchten zu lassen.

Auch in dir ist ein enormes Wissen. Du hast so viele Informationen in deinem Leben gesammelt: von deinen Eltern, von deinen Verwandten, deinen Lehrern und all den anderen Mitmenschen. Du lebst in einem Zeitalter, in dem Wissen eine große Rolle spielt und viel Macht hat. Informationen sind immer und überall verfügbar, auch wenn es dir vielleicht nicht bewusst ist. Der Verstand wird hoch geschätzt und permanent gefüttert. Jedes Kind beginnt schon früh, Wissen zu sammeln – die einen gern, die anderen widerstrebend. Doch nun beginnt eine neue Zeit. Nun beginnt eine Ära, in der endlich aus Wissen echte Weisheit wird. Nicht länger wird Weisheit nur den Alten zugestanden, sondern ist in jedem Alter möglich.

Schaue in die Augen der Kinder. Auch du wusstest einst, in deinen frühesten Jahren, was gut und wichtig für dich ist. Du wusstest, was du magst und um was du am besten einen großen Bogen schlägst. In den Augen der Kinder kannst du jetzt wieder sehen, dass sie mit viel Weisheit auf die Erde kommen – alle, ohne Ausnahme. Sie sind mit dem großen Schwingungsfeld der Schöpfung eng verbunden. Daraus lernen sie, und darin fühlen sie sich selbst. Darin ist Liebe und die Freiheit, nach bestem Wissen zu handeln.

Weisheit ist gelebtes Wissen – Wissen, das nach Handlung strebt und sich zutiefst erfährt. Sie ist eine Essenz der Menschlichkeit und eines der großen Ziele eurer Seelen. Der Mensch als Säugetier auf Erden ist und bleibt Sammler und Jäger. Waren es früher Beeren und andere Beute, die ihr gesammelt und gejagt habt, sind es nun Informationen. Euer Gehirn hat sich stets weiterentwickelt, um Platz zu schaffen für immer neues Wissen, doch der größte Teil der Speicherzellen in euren Köpfen schläft. Denn neue Verbindungen eurer Nervenzellen kommen nur zustande, wenn ihr das Wissen mit Handlungen verknüpft.

Wenn du also schon als Kind verbunden warst mit allem Wissen des Kosmos, in dem kein Gedanke verloren geht und immer verfügbar bleibt, kannst du nun zurückkehren in diesen Zustand. Du kannst – voller Bewusstsein – in die Matrix der Schöpfung eintauchen, um aus deinem gesammelten Wissen echte Weisheit zu machen.

Ich helfe dir gern dabei, denn ich bin die Kraft, die dich mit deiner Seelenquelle und Schöpferkraft verbindet. Ich wünsche mir, dass du dich traust, endlich mit aller Weisheit deine Schöpferkraft zu leben. Wenn du aus all dem gesammelten Wissen, das du in Büchern, Seminaren, Lehrgängen und aus den Medien zusammengetragen hast, dein persönliches Paradies formen möchtest, stehe ich dir zur Seite. Weisheit ist die Energiequelle für deine Neuschöpfung deines Lebens. Weisheit ist die Basis für deine Intuition, für deine Zufriedenheit und deine Herzöffnung.

Weisheit beginnt mit einer klaren Absicht. Mit dem tiefen, deutlichen Wunsch, dich selbst vollständig zu entfalten. Jede Zelle deines Körpers will spüren, dass du JETZT bereit bist, das Allerbeste aus dir und einem kostbaren Leben zu gestalten.

In jeder Zelle steckt die Weisheit, die du brauchst, um zum wahren Gestalter und zur kraftvollen Schöpferin zu werden. Alles in dir wartet auf den Startimpuls, auf das »Los!«, damit nun neue Türen für Wunder aufgehen können.

Willst du wirklich ganz du selbst sein?

Willst du dein Wissenspotenzial endlich zu deinem Besten einsetzen und in Weisheit verwandeln?

Dann sage »Ja!« zu dir und zu deinem Leben. Denn du hast bis hierher, bis zu diesem Augenblick, schon so viel erreicht. Du lebst, kannst so viel spüren und erkennen, kannst deine Sinne öffnen und kennst schon so viel vom Leben. Sei stolz auf das, was du bis heute erreicht hast. Nimm dich wahr in deiner ganzen Pracht. Werde bewusst, in jedem Augenblick. Hör auf zu funktionieren – werde dir klar darüber, was du tust – immer! Nimm nichts mehr als selbstverständlich an, sondern lerne, alles wertzuschätzen, was geschieht, denn es war und ist immer deine eigene Schöpfung. Mit deinem »Ja!« zum Leben setzt du neue Kräfte frei. Du beginnst, endlich bewusst zu handeln, und kannst aus Wissen echte Schöpfung gestalten. Ein klarer Neubeginn wird möglich. Ein Leben in Weisheit und Bewusstsein wird möglich. Ich helfe dir gern dabei. Begleite mich – ich zeige dir den Weg zu deiner Weisheit.

Die gläserne Brücke zum Wissen des Kosmos
Ein Ritual zur Erweiterung des Bewusstseins

Nimm dir Zeit, um dich ganz auf dich selbst zu besinnen. Erlaube dir Ruhe und Frieden in einem Raum, der dir guttut. Es kann in der freien, lebendigen Natur sein und auch in gelöster Atmosphäre in einem Zimmer. Gestalte es dir so bequem und schön wie möglich, damit dein wundervoller Körper sich entspannen kann, während dein Geist auf die Reise geht. Sei dir bewusst, dass sich in jeder Zelle alle Sinne öffnen, damit du auf dieser Reise erfährst, was wichtig und richtig ist für die nächste Zeit und die neue Schritte, die du gehen willst.

Schließe deine Augen, und atme tief. Stelle dir vor, wie du mit jedem tiefen Ausatmen alle Gedanken loslässt, die deinen Geist belasten. Atme auch die Anspannung in deinem Körper aus, und spüre, wie du mehr und mehr zur Ruhe kommst. Deine Gedanken lockern sich, dein Verstand schaltet auf eine neue Ebene der Bewusstwerdung um. Stelle dir vor, wie das lodernde Feuer deines Gehirns zur stillen, friedlichen Flamme wird. Dein Atem erfrischt dich und macht dich weit und klar.

Stelle dir einen großen, hellen Raum vor. Von Sonnenschein durchflutet besitzt er mehrere Türen. Schaue dich ganz entspannt um, und spüre, welche Tür dich gerade am meisten anzieht. Vielleicht kannst du auch schon fühlen, warum ausgerechnet diese Tür wichtig für dich ist. Gehe nun hin zu dieser Tür und öffne sie. Hinter ihr liegt die Weite des Universums. Vor dir spannen sich die Sterne und Sonnen der Galaxien auf – leuchtend und funkelnd. Ich bin an deiner Seite, um dich nun hin zur Quelle der Weisheit zu führen. Meine Aufgabe ist es, dich zu beschützen und dir zu helfen. Sieh vor dir eine gläserne, herrliche Brücke. Sie ist breit und stabil. Lasse uns nun gemeinsam, Schritt für Schritt, den Weg zur Weisheit beginnen.

Unter deinen Füßen kannst du sehen, wie jede Berührung der Brücke funkelnde Lichtblitze auslöst. Mit jedem Schritt wird dein ganzer Körper mit Energie durchflutet. Diese Energie erfrischt dich, füllt deine Zellen mit neuer Kraft und gibt deinem Geist wichtige Impulse. Die gläserne Brücke besteht aus reiner Liebe und purem, schöpferischem Licht. Genieße jeden einzelnen Schritt und den wundervollen Ausblick. Genieße die Weite des Alls, in dem deine Seele schon lange wohnt und sich gut auskennt.

Fühle die gläserne Brücke unter deinen Füßen. Spüre die Energie, die dich erfrischt und deinen Geist weit und klar werden lässt. Die gläserne Brücke führt zu einem Tempel aus Licht. Inmitten dieses leuchtenden Tempels steht ein Sessel aus Glas, in dem du es dir bequem machen kannst. Nun kannst du all dein Schöpferpotenzial entfalten. Stelle dir nun vor, was du in der nahen Zukunft erreichen und erleben möchtest. Male es dir in den leuchtendsten Farben und intensivsten Gefühlen aus. Tauche ein in die Idee, die du vom Paradies auf Erden für dich hast. Betrachte diese Idee von allen Seiten, und fühle sie mit allen Sinnen.

Aus der Quelle der Schöpfung, der du entstammst, fließt für deine Pläne nun alle Energie in dich hinein, die du brauchst. Du bekommst alle Kraft zur Verfügung gestellt, um zu handeln. Du öffnest neue Türen für neue Möglichkeiten. Das Leben kann dir alles liefern, was du zur Erreichung deiner Pläne brauchst. Alles Wissen, das du bereits hast, bekommt den Impuls zur Umsetzung. Dein Körper erhält die Kraft zum Handeln. Du bekommst Ideen für die nächsten Schritte und weißt, wann Geduld nötig ist und wann es Zeit ist, etwas zu tun. Alles, was bisher geschlafen hat in dir, wird nun aktiv. Und alles, was zu aktiv war, kann sich jetzt entspannen. Du erfährst eine neue, schöpferische Programmierung, die dich wieder mit dem verbindet, was du einst warst, als du auf die Erde kamst: ein Wesen voller Liebe, Reinheit und Klarheit.

Auf dem gläsernen Sessel erfährst du, was wirklich wichtig ist. Du bekommst alle wichtigen Impulse, um voller Glück und Frieden zu leben, wie es dir am besten gefällt. Zweifel und Bedenken werden aus deinem System gespült, damit das Licht selbst die dunkelsten Bereiche in dir erleuchten kann.

»Ho'oponopono« –
Der Weg zurück in die Harmonie

Lernen Sie mit dem hawaiianischen Vergebungsritual die effektivste Konfliktlösungsmethode kennen und erfahren Sie, wie Sie Probleme durch grenzenlose, bedingungslose, göttliche Liebe lösen.

Dr. Diethard Stelzl
Ho'oponopono – Heilung mit Liebe
Die wirkungsvolle alt-hawaiianische
Methode der Auflösung von Störpotenzialen
280 Seiten, Paperback
ISBN 978-3-8434-1025-0 · € 19,95

Schirner Verlag

Alle Angaben werden vertraulich behandelt.
* Der Newsletter kann jederzeit abbestellt werden.

Name/Vorname: _____

Straße: _____

PLZ, Ort: _____

Telefon: _____

E-Mail: _____

Geburtsdatum: _____

Bitte senden Sie mir:

☐ weitere Informationen aus dem Schirner Verlag

☐ den Schirner Newsletter (nur als E-Mail*)

☐ das Schirner Seminarprogramm

Diese Karte entnahm ich dem Buch:

_____

Würden Sie dieses Buch weiterempfehlen?

Vielen Dank!

Antwort

Schirner Verlag
Elisabethenstr. 20 – 22
D- 64283 Darmstadt

Das Porto
übernehmen
wir für Sie!

Bleibe so lange auf dem gläsernen Sessel im Tempel der Weisheit sitzen, wie du magst. Nimm dir Zeit für deine innere Weisheit. Tanke so viel frische Energie, wie du brauchst, um voller Freude in die nahe Zukunft zu blicken. Du kannst jederzeit zurückkehren, um dich aufzutanken.

Wenn du das Gefühl hast, satt und klar zu sein, voller Tatendrang und neuer Impulse, kannst du ganz entspannt mit mir den Weg zurück über die gläserne Brücke gehen. Betrachte noch einmal die funkelnden Sterne und die weite Schönheit des Kosmos, und kehre dann langsam wieder zurück in deinen Körper. Du bist herrlich erfrischt und voller Gewissheit, dass eine Zeit der Wunder vor dir liegt.

Am besten schreibst du dir auf, was du erlebt und dir vorgestellt hast. Aus Gedanken werden Worte, aus Worten werden Taten. Und wenn du die Worte nicht nur aussprichst, sondern auch aufschreibst, haben sie eine noch deutlichere Kraft. Du kannst jederzeit nachlesen, was du dir gewünscht und visualisiert hast. Du kannst deine Träume weiter formen und ausarbeiten. So bekommen sie immer deutlichere Konturen, bis sie schließlich zur Realität geworden sind, weil du sie bewusst erschaffen hast. Du wirst wissen, was du zu tun hast, wenn die Zeit gekommen ist. Du wirst handeln können. Aus Wissen wird dann echte Weisheit.

Enclastra –
Einhorn des Feuers

»Ich bin die Kraft, die dich anfeuert und vor-
wärtsbringt. Ich gebe dir Mut und Energie.«

Die Botschaft

Mein Feuer berührt deinen innersten Seelenraum. Es füllt ihn mit Kraft und Mut, bringt verborgene Energie ins Fließen und räumt auf mit alten Glaubenssätzen und Mustern. Mein Leuchten bringt die Schönheit deines inneren Feuers zutage und hilft dir, den Herausforderungen des Lebens mit Gelassenheit zu begegnen.

Du brauchst Mut und Kraft? Ich schenke sie dir. Ich bin das Feuer, das in dir lodern will. Ich bin die Energie, die dich in weiten Sprüngen voranbringt, wenn du bereit bist. Ich bin der pure Wille, der Wunder erschafft. Du kannst mich immer rufen, wenn du vor neuen Aufgaben stehst, die scheinbar zu groß für dich sind. Du kannst mit meiner Energie rechnen, wenn du müde und ausgelaugt bist. Ich fülle deine Zellen mit meinem Feuer und bringe dich wieder zum Leuchten. Ich bin die pure Kraft der Sonne, die dir neue Freiheit und Ausdehnung schenkt, wenn du zu schwer geworden bist. Dein Körper wünscht sich Bewegung, wünscht sich befreiendes Atmen und ein Lachen aus tiefstem Herzen.

Mut beginnt, wenn du Zweifel und Sorgen im Feuer der Sonne verbrennst. Beides hilft dir nicht weiter. Beides hat mit Ideen zu tun, die du irgendwann in deinem Leben gesammelt hast und die dich nun schwer machen. Vielleicht hast du gelernt, dass du nicht gut genug bist, nicht klug genug, nicht schnell genug ... All das ist nicht wahr.

Du bist, wie du bist. Und genau so bist du richtig. Du bist genau an dem Punkt, der wichtig ist. Du hast bis zum heutigen Tag genau das erschaffen, was du erschaffen wolltest. Auch wenn es dir nicht bewusst war. Jetzt bist du hier und spürst mein Feuer. Dieses Feuer brennt alles hinweg, was du einmal geglaubt hast und was dich im Irrglauben gefangen gehalten hat. Dieser wurde mit der Zeit zur Fessel, die dich eingeengt hat und dir beständig Zweifel beschert. Der Irrglauben wird nun von mir verbrannt, damit du dich befreien kannst und erkennst, wie großartig du bist.

Du hast alle Werkzeuge in dir, die du für dein Lebensglück brauchst. Du hast alle Kraft in dir, die du zur Umsetzung deiner speziellen, herrlichen Träume brauchst. Du kannst alles tun, was wichtig ist, damit deine Zukunft zur paradiesischen Wirklichkeit wird. Wirf die Zweifel und Ängste fort, die nur Gespenster deiner Vergangenheit sind. Deine Eltern hatten ihre Träume – du hast deine eigenen. Ich helfe dir dabei, auszusortieren, was nun wichtig für dich ist und was endlich gehen darf. Lasse uns gemeinsam in Liebe all das verbrennen, was dich einengt, damit du dich ausdehnen kannst und spürst, was wirklich wichtig ist für dich.«

Das Feuerritual

»Wo auch immer du bist – du kannst JETZT sein, was du wirklich bist – ein Augenblick genügt.

Schließe die Augen, und stelle dir mein Feuer vor. Dieses Feuer ist pure Energie und Reinigung. Es brennt ohne Hitze, doch mit sehr viel Macht. Stelle dich nun mitten hinein in mein heiliges Feuer. Spüre, wie alles aus deinem Körper-Geist-System gebrannt wird, das nicht zu dir gehört. Vertraue deiner Intuition, die weiß, was wichtig ist und was längst schon gehen darf. Lasse alles aus deinen Zellen brennen, was verbraucht ist, damit frische, neue Energie dich von Grund auf neu erfüllen kann. Schaue mit deinem inneren Auge zu, wie alles vom heißen Wind des Feuers hinweg getragen wird: alle Sorgen, alle Ängste, alle Zweifel. Übrig bleibst du in all deiner Schönheit, deiner Kraft und deiner wahren Größe. Befreie dich! Brenne die Fesseln der Vergangenheit fort. Übergib sie meinem heiligen Feuer. Steh auf und werde groß! So, wie es vorgesehen und richtig ist. Leuchte aus jeder Zelle, aus jeder Pore in jenem Licht, das schon immer in dir war und das nun befreit ist! Du bist voller Energie – hier und jetzt!«

Hisjadir –
Einhorn des Frühlings

»Lebendigkeit, Schönheit und Freude dürfen Einzug halten in dein Leben. Du hast einen Neubeginn verdient.«

Die Botschaft

Ich bin die Leichtigkeit und Gelassenheit, die du dir immer gewünscht hast. Ich schenke dir Energie, um jeden Tag mit frischer Kraft zu beginnen. In mir ist das Leuchten des Frühlings und der Duft der bunten Blüten. Heiterkeit und Lebensfreude dürfen dein Herz erfüllen, damit du eine glückliche Zeit erlebst.

Genieße mit mir die Kraft des Frühlings – diese herrliche Zeit, wenn die ganze Natur nach einem langen Winter wieder zu erwachen beginnt. Du kannst diese Kraft nicht nur im Frühling fühlen, sondern zu jeder Zeit. Sie ist dieses wunderschöne Gefühl, wenn du nach einer emotionalen Durststrecke wieder beginnst, dich für das Leben zu interessieren. Wenn du alles um dich herum mit neuen, glücklichen Augen wahrnimmst: die Pracht der Pflanzen, das Wachstum, das Leuchten. Die Energie des Frühlings ist die Schwingung des Neubeginns. Sie ist das schmetterlingsgleiche, himmlische Flattern der Verliebtheit, die federleichte, kirschblütenrosa schimmernde Liebe zum Leben, zu allen Geschöpfen und den Menschen. Sie ist das schwebende, heitere Gefühl, dass dieser ganz besondere Moment voller Magie und Liebreiz ist.

Jeder Tag ist ein Neuanfang. Du erschaffst jeden Morgen eine neue Welt, die leuchten und glitzern kann vor Freude. Spüre in dich hinein, was in deinem Leben gerade geschieht. Welche Ebene braucht einen Neubeginn? Wo möchtest du frisch ansetzen, damit neue Kraft, neue Lust auf das Leben entstehen kann?

Du bist ein freier Mensch. Du hast es verdient, glücklich zu sein. Ich bin jetzt bei dir, um dir zu zeigen, wie du mit neuer Leichtigkeit durch den Tag laufen kannst. Öffne dein Herz. Fühle dich und deinen Körper. Fühle das Geschenk des Lebens durch dich hindurchfluten. Alles in dir und um dich herum ist bewusstes Sein. Dein Körper erholt und erneuert sich in der Nacht, damit du morgens mit frischer Energie starten kannst. An jedem einzelnen Tag. Somit kann auch dein Geist sich erfrischen – mit neuen Gedanken, neuen Ideen und Impulsen. Öffne deinen Geist für meine Schwingung, und lasse dich von mir inspirieren für einen spontanen, glücklichen Neubeginn, der JETZT passieren darf.

Heitere Manifestation eines glücklichen Neubeginns
Eine kleine Übung

Stelle dir vor, was genau du in diesem Augenblick am liebsten ändern möchtest. Nimm dein Lebensbuch oder ein Blatt Papier, und schreibe es auf. Während du schreibst, schenke ich dir neue, frische Energie, damit deine Lebensentwürfe und Ideen Kraft haben. Male es dir bis ins letzte Detail aus. Es kann eine Kleinigkeit oder ein großes Ziel sein – hier und jetzt kann alles neu beginnen. Ich bin bei dir und helfe dir. Atme meinen Geist, damit du über deine Grenzen hinaus denken und fühlen kannst.

Spüre die Kraft des Neubeginns, die bunte, himmlische Energie des Frühlings, die in jeder neuen Idee steckt. Betrachte die Worte, die du geschrieben hast. Fühle, wie du dich auf den Moment freust, wenn du mitten in dieser wundervollen Zukunft stehen wirst. Freude ist der beste und wichtigste Antrieb, etwas in deinem Leben zu verändern. Heiterkeit ist der Magnet, der dich magisch durch den Neubeginn hin zum nächsten Ziel zieht. Leben darf Spaß machen.

Wenn du das Kribbeln der Vorfreude spürst, fließt die richtige Energie. Wenn deine Lippen lächeln, in deinem Bauch die

Schmetterlinge tanzen und du am liebsten sofort loslaufen möchtest – dann bist du in der richtigen Stimmung, um neu zu beginnen.

Lege nun deine Hände auf deinen Bauch und dein Herz. Schließe deine Augen, und atme ganz tief ein und aus. Ich umhülle dich mit der frischen, köstlichen Energie des Frühlings und des Neubeginns – atme sie tief in dich hinein. Spüre, wie sie durch deinen Körper fließt und jede Zelle mit funkelndem Licht erfüllt. Stelle dir deinen Neubeginn genau vor. Fühle dich nun mittendrin. Alles um dich herum wird lebendig. Du hörst, fühlst, schmeckst, riechst und siehst, wie es sein wird. Ich fülle das Bild für dich mit Einhornenergie. Der Magnet des Neubeginns darf beginnen zu wirken. Jetzt bist du bereit.

Embroer – Eistänzer

»Die Reinheit des Geistes ist beflügelnd.
Befreie dich von der Vergangenheit, um
zu neuen Inspirationen zu gelangen.«

Die Botschaft

Es ist Zeit, deinen Geist zu befreien. Alte, verbrauchte Gedanken dürfen entschwinden, damit du die Kraft hast, wahre Entfaltung zu finden. Reinige deinen Geist, wie du deinen Körper reinigst. Sei vorbereitet auf die Zeit, in der dein Leuchten schöner sein wird als ein klarer, sonniger Tag im Winter – rein und kostbar, glitzernd und voller Freude.

Du weißt, dass wir Einhörner als Lichtwesen ein Inbegriff für Reinheit sind. Es ist vor allem die Reinheit des Herzens und des Geistes, die wir lieben und für dich bewirken möchten. Seit Anbeginn der Zeit sind wir die Hüter des klaren, reinen Bewusstseins, mit dem wir alles Leben auf diesem Planeten beschenken. Selbst Materie, von der der Mensch in seiner Unwissenheit glaubt, sie wäre sich ihrer selbst nicht bewusst, besitzt Energie und klare Wachheit. Alle Gegenstände um dich herum haben ihre eigene Schwingung. Alles, was wachsen kann, ist verbunden mit der Energie aller Seelen. Und alles, was auf der Erde geschaffen wurde, trägt ihre Kraft in sich – selbst die Kleidung, die du trägst, die Gegenstände um dich herum und sogar das Buch, in dem du soeben liest. Alles ist Energie und Schwingung.

Nun ist es an dir, dich wieder hineinzufühlen in dein eigenes echtes, reines Bewusstsein, das du mit deinem hoch entwickelten Verstand, deinem allumfassenden Geist und deiner Seele zu wahrer Schöpferenergie formen kannst.

Die Reinheit und Klarheit deiner Gedanken ist wichtig, um Energie wirkungsvoll zu lenken – zu deinem Wohl und zum Wohl der Welt. So entsteht wahre, sinnvolle Konzentration. In der Reinheit deines Geistes erkennst du, was wirklich wichtig ist.

Du kannst neue Entscheidungen treffen, die dein Leben zu deinem Besten formen, sodass du dich darin und in dir wohlfühlen kannst. Ein klarer, reiner Geist ist verbunden mit dem Informationsfeld, das jeden Winkel des Kosmos erfüllt.

Eine geistige Verjüngungskur
Die einfachste Methode zur Reinigung des Geistes

Schalte für eine gewisse Zeit alle lauten, grellen Medien um dich herum aus. Ob Radio, Fernseher, Computerspiele etc. – alles, was dich mit bunten Bildern, negativen Informationen oder lauten Geräuschen von dir selbst ablenkt, darf für eine Weile ruhen. Wo auch immer du soeben bist, sorge für Stille. Schließe immer wieder für kurze Momente die Augen, und lausche auf die Klänge um dich herum, die du nun wieder hören kannst: die Stimmen, die Alltagsgeräusche, deinen eigenen Herzschlag. Lausche intensiv.

Und nun lausche dem Herzschlag der Erde. Fühle und erkenne, wie du gemeinsam mit der Erde pulsierst. Atme tief, und lasse frische Energie durch deinen Körper strömen. Danke der Erde dafür, dass sie dich trägt und nährt. Lasse die alte, verbrauchte Energie und alle alten, verbrauchten Gedanken und Gefühle durch deine Füße in die Erde fließen. Danke ihr dafür, dass sie alles für dich in Liebe beseitigt und verwandelt. Fühle den Boden unter deinen Füßen, und spüre dich selbst – rein und frisch.

Intensivpflege für ein reines, klares Bewusstsein

❖ Schreibe alle Gedanken auf, die dir jetzt – in diesem Augenblick – einfallen. Alles ist gut, wie es ist und braucht nicht bewertet zu werden. Schreibe dir einfach alles »aus dem Kopf« heraus, bis du merkst, dass sich dein Geist beruhigt und dein Kopf sich klarer und freier anfühlt.

❖ Schließe die Augen, und stelle dir eine große, weiße Wand vor – rein, leuchtend, klar. Betrachte sie. Wenn sich Gedanken formen, nimm sie liebevoll wahr, und lasse sie weiterziehen wie Wolken. Genieße die Schönheit der weißen Wand.

❖ Atme alle Gedanken, die auftauchen, bewusst hinaus in den Kosmos – ganz weit weg.

❖ Sei ganz im Hier und Jetzt. Die Vergangenheit ist vorbei. Lasse die Energie dessen, was war, hinter dir. Es zählt nur dieser eine Moment.

❖ Sei dir darüber klar, dass dein Verstand nur der Sammler von Informationen und Gedanken ist. Echte, wichtige Gedankenimpulse sind in dem weiten Schwingungsfeld, das dich umgibt. Schaffe Platz in deinem Verstand, deinem Gehirn, damit du neue, wahre Gedanken einladen kannst.

❖ Fühle die Reinheit, die in dir entsteht.

❖ Fühle deinen göttlichen, wundervollen Körper. Umarme dich selbst in Liebe.

❖ Fühle dein Herz. Fühle die pulsierende Bewegung, mit der es das Blut durch deinen Körper pumpt. Mit jedem Herzschlag erzeugst du permanent eine Schwingungswelle um dich herum, die dich mit dem schwingenden Informationsfeld des Kosmos verbindet. Stelle dir vor, wie du mit diesen Informationen in Einklang kommst und dich mit dieser großen Weisheit verbindest. Wenn du rein bist, kannst du alle Informationen abrufen, die du für dein Leben brauchst.

❖ Fühle die Liebe, die immer um dich herum und in dir ist. Wenn du dich auf die Liebe konzentrierst, kannst du alles loslassen, was dich belastet. Befreie deinen Geist von den negativen, dunklen Gefühlen, damit noch mehr Liebe und Licht in dich hineinfließen können. Sie reinigen deine Emotionen, reinigen dein Herz, deinen Verstand und deine Körperzellen. Licht und Liebe sorgen für Freude, wundervolle Leichtigkeit und Gelassenheit. Sei dir gewiss, dass du immer geliebt wirst und leuchten darfst.

❖ Fühle dich nun neu – als reines, leuchtendes Wesen, das verbunden ist mit der Schwingung des Kosmos. Du bist frei, leicht und erfrischt. Du bist tief in deinem Körper und ganz bewusst mit jeder Zelle verbunden. Alles in dir und um dich herum ist voller Licht und Liebe.

Je öfter du dich den reinigenden, pflegenden Übungen hingibst, desto mehr wächst deine Schöpferkraft und Verbundenheit mit dir selbst und allem, was existiert. Du tauchst zutiefst in ein Leben voller Energie hinein, kommst ganz und gar im Leben an. Mit beiden Beinen fest auf dem Boden und mit einem reinen, freien Geist weit im Himmel. Du findest neue Inspiration. Du kannst alle Lichtwesen erkennen, die deinen Weg mit Liebe begleiten. Du kannst erkennen, dass du ein wertvolles, wichtiges Leben führst – weil DU es so wolltest. Es ist Zeit, deinen inneren Plan zu erkennen. Mit einem reinen, wachen Geist ist dies nun möglich.

Epona – Hüterin der Pferde und der fruchtbaren Natur

»Wenn der Vollmond über der weiten Ebene schwebt, kannst du mich sehen. Ich wache über alles, was lebt. Mein Geist schwingt auch in dir.«

Die Botschaft

Geliebte Seele, nmm dich wieder als das wahr, was du bist: ein hütender Geist der Erde. Du bist einst hierher gekommen, um die Schönheit der Natur zu feiern. Du bist geboren aus der Materie dieses Planeten, um darin mit deiner Seele zu spielen. Du bist ein machtvolles Wesen aus Geist und Kraft, das sich hier auf Erden entfalten möchte – frei und fruchtbar und schön. Finde deine Liebe zum Leben und zu deiner Heimat auf dieser Welt wieder. Genieße, was existiert, und erschaffe, was du für dein Paradies brauchst. Ich bin die Hüterin der Natur und die Göttin der Pferde. Fühle mich, dann fühlst du das Leben in seiner ganzen Kraft und Pracht.

Von jeher haben die Menschen in ihrer kulturellen Entwicklung Götter erschaffen. Sie galten als Symbole für alles, was ansonsten unerklärlich war. Lange bevor die neuzeitliche Wissenschaft jede Mystik und natürliche Verbundenheit mit der Welt vertrieben hat, gab es die Götter, die über alles herrschten. Sie beschützten die Welt, die Menschen und alles Leben. Manchmal waren sie zornig und wild, meistens jedoch gütig und mild.

Auch mein Geist ist der einer starken, aber liebevollen Kraft, die durch alles Lebendige fließt. Ich ströme durch jede deiner Zellen, denn sie sind irdischen Ursprungs. Dein Körper ist aus dem Staub der Erde erschaffen, um deiner Seele und deinem Geist einen Tempel zu bieten. In diesem Tempel wohnst du als Gott oder Göttin – herrschend über unzählige, lebendige Körperzellen, herrschend über einen intelligenten Verstand. Nutzt du deine Herrschaft, oder lässt du dich lieber von außen – von anderen Göttern – lenken und leiten? Lebst du bewusst, oder funktionierst du nur so, wie andere es von dir erwarten?

In einer blühenden, lebendigen Natur hat alles seine Ordnung. Neues wächst, Altes vergeht – ein beständiger Zyklus aus Tag und Nacht, im Wechsel der Jahreszeiten, im ständigen Wandel. Es gibt ein liebevolles Miteinander. Das eine zehrt vom anderen, gibt sich hin und nimmt gleichzeitig. Die Natur wertet nicht, sie existiert, um sich zu entfalten und im Kreislauf des Seins zu werden und zu vergehen.

Wenn du eine Weile alles in dir und um dich herum ohne Wertung wahrnimmst, kannst du wieder eintauchen in diesen beständigen Zyklus, aus dem du kommst, von dem du dich jedoch manchmal trennst. Du bist eine göttliche Seele, die auf die Erde gekommen ist, um diesen Wandel mit all seinen Erfahrungen zu durchleben. Nur hier, inmitten der Natur, kannst du wirklich fühlen, was wahres Sein ist. Leben pulsiert, verändert sich, ist pure Schöpferkraft – in jedem Augenblick. Obwohl alles nur eine himmlische Illusion ist, so ist sie doch für dich fühlbar. Du bist mittendrin.

Kannst du es genießen?

Meine geliebten Pferde sind Symbole für Fruchtbarkeit, Kraft, Schnelligkeit, Eleganz und Sexualität. Sie sind lebendig gewordene, glänzende Energie. Ihre schönen Körper sind auch das Symbol für uns Einhörner, obgleich wir Wesen aus reiner Energie und Bewusstsein sind. Doch die Pferde sind euch Menschen immer nahe gewesen. So lange schon dienen sie euch treu in ihrer Sanftheit, selbst wenn ihr sie in den Krieg führt. Wenn du ein Pferd siehst, erkenne in ihm, was auch in dir steckt: Schönheit, Kraft und Lebendigkeit. Auch in dir ist schöpferische, leuchtende Fruchtbarkeit, die in jedem Augenblick Neues erschafft. Lasse es fließen, lasse es strömen und laufen! Fühle dich in einem lebendigen Körper, der bewegt werden möchte, der sich spüren und erfahren will.

Sei Teil dieser Welt, und nimm den Wandel wahr. Je öfter du die Natur genießt, desto wohler fühlt sich dein Körper. Die Jahreszeiten haben ihren eigenen, starken Rhythmus. Passe dich fließend und weich an, statt dich abzugrenzen und über die äußeren Umstände zu beschweren. Du bist ein Bestandteil dieser Welt – und die Welt will dich ebenso fühlen. Alles um dich herum dient dir, damit du glücklich sein kannst. Wenn du dich dem Rhythmus hingeben kannst, kannst du wieder lernen, dich zu fühlen, wie du ursprünglich sein wolltest – ein entspanntes, genießendes Wesen voller Lebendigkeit und Energie.

Ihr Menschen habt einst Götter erschaffen, um die Welt zu erklären. Der Glauben an eine höhere Macht schenkt Geborgenheit und inneren Frieden. An was glaubst du?

Woran auch immer du glaubst – es erschafft deine Wirklichkeit. Ob du an einen Gott oder an viele Götter glaubst, ob du vermutest, dass es gar keine göttliche Präsenz gibt, oder ob du den Glauben an eine Schöpfermacht ganz verloren hast – es ist deine Wahrheit. Das Wichtigste ist, dass du an dich selbst glaubst. Sobald du damit begonnen hast, wächst auch deine Zuversicht und Hoffnung.

Ich bin bei dir, um dir mit meiner Präsenz die Natur nahezubringen, deren Teil du bist. Ich schenke dir gern liebevolle Geborgenheit, wenn du sie brauchst. Du spürst mich am stärksten in der Gegenwart von Pflanzen und Bäumen, in der Weite des Raums, unter dem Himmel, der Sonne und im Wind. Du kannst mir die Erlaubnis schenken, dich mit frischer Kraft zu füllen, damit du dein Leben schätzen und genießen kannst. Ich verbinde dich mit allem, was auf dieser Erde existiert, damit du dich wohlfühlen kannst als Mitglied des großen Bundes der Welt. Finde mich dort, wo Leben existiert – überall.

Endlich ganz und gar ankommen auf der Erde
Neue Gedanken säen und inneren Frieden ernten – ein Aufruf der Einhörner

»Um das Leben in all seiner Tiefe und Schönheit genießen zu können, braucht es dein ganz bewusstes Eintauchen und Ankommen auf der Erde. Was nutzt dir all dein materieller Reichtum, all die Liebe, die du in dir und um dich herum hast und die vielen Gaben, die du auf die Erde gebracht hast, wenn du mit einem Teil von dir wieder fort möchtest?

Es gab einst einen wichtigen Grund für dich, als Seele in einen menschlichen Körper zu inkarnieren. Du bist hier aus freiem Willen. Und erst in dem Moment, in dem du dich mit einem hundertprozentigen JA für dein Leben entscheidest, kannst du wirklich beginnen, all die Wunder und Geschenke der Natur und des Universums wahrzunehmen.

Du kannst als Mensch nicht ermessen, was dich nach deinem Tod erwartet. Du kannst etwas hoffen, vermuten, befürchten oder ersehnen. Es hat keinen Sinn, dass du immer glaubst, es sei nach dem Fortgang von der Erde und aus deinem Körper besser für dich als jetzt. Es gibt für dich, in dieser Inkarnation, nur das Jetzt. Diesen einen Augenblick, an den sich ein neuer reiht, und vor dem es schon viele andere gab. Es gibt nur diesen Moment, diesen Ausschnitt aus dem großen Ganzen, der allein dir gehört.

Stelle dich mit beiden Füßen voller Vertrauen und Bewusstsein auf den Boden deines jetzigen Heimatplaneten, und KOMME AN. Dies ist DEIN Leben, DEIN Körper, DEIN Bewusstsein. Du hast, wie jeder andere Mensch auch, die Macht, alles zu verändern, was dir nicht gefällt. Du kannst Berge versetzen und Grenzen überschreiten. Du kannst Gesetze erschaffen und brechen, neue Spielregeln gestalten und dir selbst die Chance geben, immer wieder neu anzufangen. Was willst du vom Leben, damit es dir Spaß macht? Schreibe es auf. Sage es laut, damit das Universum dich hört – und damit du endlich ausssprichst, was du denkst und fühlst. Handle nach bestem Wissen und Gewissen, dann wirst du bald ernten können, was du säst.

In der Natur ist alles, was du zum Leben brauchst, in Fülle vorhanden. Auch Liebe und Energie sind reichlich in dir und um dich herum. Einzig dein Glauben ist es, der immer wieder aufs Neue gefordert wird. Glaubst du an dich? Glaubst du, dass es möglich ist, dir selbst ein Paradies auf diesem Planeten zu gestalten? Viele haben es vor dir getan, viele sind gerade mit Freude dabei, und viele werden noch zu diesem Glauben und Wissen gelangen.

Dies ist DEIN Heimatplanet – jetzt und noch für viele Jahre, vielleicht sogar Jahrzehnte. Verschwende nicht eine Sekunde an Sorgen und Ängste, denn sie sind Illusion und Erinnerungen aus der Vergangenheit. Jetzt kannst du entscheiden. Jetzt kannst du genießen, was ist, denn du hast es dir selbst erschaffen.

Viele Lichtwesen sind an deiner Seite, um dich in jedem Augenblick zu begleiten, zu schützen und zu nähren mit Liebe und Energie, wenn du es wünschst. Öffne dein Herz, wir hören dich. Öffne deinen Geist, dann hörst du uns.«

Sulidar –
Geist des Einhorns

»Ehre und heile deine Vergangenheit. Sie hat
dich geformt, dir Kraft geschenkt und dich zu
dem Menschen gemacht, der du heute bist.«

Die Botschaft

Ich bin die Weite der Welt. Ich bin immer da, immer spürbar und die absolute Freiheit. Jenseits von Materie kann ich dich überall erreichen und dir Frieden und Ruhe schenken. Ich helfe dir gern, mit Gelassenheit in die Vergangenheit zu blicken, um sie zu heilen.

Ich möchte dir mit entspannter Gelassenheit ermöglichen, deine Vergangenheit aus einem neuen Blickwinkel zu betrachten. Zeit, wie du sie wahrnimmst, ist eine Illusion. Alles geschieht jetzt. Der menschliche Geist jedoch möchte lieber eine Einteilung finden, um von den Eindrücken nicht überrollt zu werden. Daher nimmst du die Drehung der Erde, Tag und Nacht, die Jahreszeiten und dein ganzes Leben als Zeitlinie wahr. Du wurdest einst geboren und hast bereits viele Jahre auf der Erde verbracht, die gefüllt waren mit Erlebnissen und Erfahrungen. Dein ganzes Sein ist durchdrungen von diesen Informationen. Deine Zellen haben es gespeichert, ebenso dein Verstand, dein Ego und dein Herz. Überall in dir schwingt deine Vergangenheit. Nun ist es Zeit, sie in aller Ruhe zu betrachten.

Lasse die Gefühle, die mit den vergangenen Jahren verbunden sind, ruhen. Auf diese Weise kannst du entspannt betrachten, was wirklich war und heute ist. Nehmen wir als Grundlage, dass du auf der Erde bist, um zu lernen, zu spielen und auszuprobieren, dann hast du bereits viel erreicht. Du hast viele, spannende Erfahrungen gemacht, die dein ganzes Sein immer aufs Neue gefordert haben. Du bist enorm gewachsen, hast viele Prüfungen bestanden, an anderen bist du gescheitert, und du konntest schon oft stolz auf dich sein. Du hast überlebt. Du hast geliebt, geweint, vor Freude getanzt, hast gelitten, warst ängstlich, glücklich und neugierig. Wenn du all deine bisherigen kritischen Bewertungen herausnimmst, war es ein erfülltes Leben. Wenn du Gut und Böse einmal beiseite lässt, hast du viele Jahre lang fleißig und sehr kreativ das Spiel des Lebens gespielt. Viele Menschen sind dir begegnet, die dich magisch angezogen haben. Du warst verliebt, befreundet, hast dich über manche Menschen geärgert, hattest Angst vor anderen und hättest ein paar davon am liebsten zum Mond geschossen. Wieder andere würdest du am liebsten dauernd umarmen, weil sie einfach wundervoll sind und dir guttun.

So viel ist geschehen in den letzten Jahren. Du kannst heute Bilanz ziehen, wenn du möchtest.

Was war schön? Was hat dich geärgert und wütend gemacht?

Was darf nach all den Jahren endlich Frieden finden und geheilt werden?

Schreibe es dir vom Herzen und aus deinen Zellen heraus. Mache es dir selbst deutlich, was du über deine Vergangenheit denkst. Mache es sichtbar, denn dann kannst du etwas verändern.

Erfreue dich immer wieder an dem, was schön war, und erhalte dir das glückliche Gefühl. Nimm es in dein Herz, und genieße die Erinnerung, als würdest du in einem Fotoalbum blättern und mit warmen Gefühlen darin schwelgen.

Betrachte, was dich heute noch ärgert und dir damit eine Menge Energie raubt – jeden Tag. Du kannst etwas daran ändern, indem du deine Gefühle dazu veränderst. Du kannst den alten Groll loslassen, damit neuer Platz für Liebe und Frieden in dir entstehen kann. Ich zeige dir, wie das möglich ist.

Liebe für die Vergangenheit
Ein einfaches, kleines Ritual

Wo auch immer du bist, kannst du JETZT deine Vergangenheit heilen. Sie ist bereits Geschichte – vorüber, für immer. Du kannst jedoch – da Zeit relativ ist und Energie reisen kann – in jede alte Erinnerung Liebe senden.

Stelle dir dazu vor, dass du mit ein paar tiefen Atemzügen ganz viel Licht und Liebe in dein Herz atmest. Spüre, wie du aus der Quelle allen Seins, die aus purer Liebe besteht, über einen glitzernden Kanal versorgt wirst. Dein Herz wird rein und klar, aufgefüllt mit der herrlichsten, köstlichsten Liebe. Glitzernd pulsiert sie in dir. Nähre dich an ihr.

Wenn du dich gesättigt und glücklich fühlst, stelle dir die Situation vor, die du gern heilen und deren alte, dunkle Energie du gern loslassen möchtest. Wenn Menschen daran beteiligt waren, stelle dir diese bitte in ihrer schönsten, entspanntesten Gestalt vor. Am besten mit einem feinen Lächeln auf den Lippen.

Betrachte die Situation von außen – ohne die damit verbundenen Emotionen. Diese brauchst du heute nicht mehr. Befreie dich davon, und atme sie ganz bewusst aus der Erinnerung heraus.

Wenn du die Situation in Ruhe betrachten kannst, lasse die Liebe aus deinem Herzen in die Vergangenheit fließen (dein Herz wird weiterhin versorgt und nachgefüllt).

Die beteiligten Menschen waren deine Lehrer und Trainer. Du hast sie einst eingeladen, das Spiel mit dir zu spielen. Heute kannst du sie in Liebe hüllen und dankbar dafür sein, dass sie mit dir die Erfahrungen geteilt haben. Hülle alles in leuchtende, glitzernde, wunderschöne Liebe – frei von Bewertung, frei von Gefühlen, einfach pure Liebe.

Je öfter du diese kleine Übung machst, desto selbstverständlicher kannst du die Vergangenheit loslassen und Frieden mit ihr machen. Du brauchst den Groll nicht mehr. Er darf gehen. Lange genug hat er dich belastet. Bedanke dich auch bei ihm, denn offensichtlich hast du ihn noch gebraucht.

Heute darfst du dich liebevoll von ihm verabschieden. Es geht nur um dich. Du bist wichtig. Du bist der Mittelpunkt deines Lebens. Also atme die Energie der Liebe, und lasse sie in deine Vergangenheit strömen, damit sie dir Freude machen kann, und damit du dich im Hier und Jetzt rundum wohlfühlen kannst.

Encrastar –
Goldener Elfenkönig

»Fühle die Magie der Natur. Alles lebt, alles atmet, alles ist voller Schönheit und Energie. Fühle die Liebe, die in allem lebt.«

Die Botschaft

Du kannst dich dem Strom der lebendigen Magie hingeben und sie für dich nutzen, wenn du reinen Herzens bist. Alles schwingt miteinander im Einklang. Alles ist pure, lebendige Liebe, die auch in dir pulsiert. Magie ist in allem. Magie ist die Kraft, die Wunder bewirkt – sichtbar, fühlbar, mit dem Verstand kaum erklärbar und dennoch wirksam im ganzen Universum. Ich trage dich gern an den stillen Ort in dir, an dem du dich mit unserer Magie verbinden und erfüllen kannst. Sie öffnet dir neue Türen, hinter denen kostbare Schätze auf dich warten. Lasse dich überraschen – von dir selbst, dem Leben und der magischen Liebe, die in allem schwingt.

Du kennst diese magischen Momente, in denen sich alles zu deinem Besten fügt, in denen sich scheinbar ein Zufall an den anderen reiht und das Glück dir lächelnd zuwinkt. Diese Momente kannst du gemeinsam mit meiner Energie immer stärker fühlen und schließlich selbst erzeugen. Du kennst Magie möglicherweise aus Geschichten, Filmen, Mythen und Sagen. Sie ist mit vielen romantischen Aspekten verknüpft: mit Märchen, Zauberern, Hexen, weisen Menschen, Alchemie, den Naturwesen, den Göttern und vielen anderen Bildern und Wesenheiten. Sie ist beschrieben und angewendet worden als »weiße« und »schwarze« Magie. Der Unterschied ist einfach erklärt:
Weiße Magie fließt und agiert zum Wohle aller Beteiligten, schwarze Magie dient immer nur dem Wohle des Anwenders. Beide Formen beeinflussen die überall vorhandene Energie, aus der das gesamte Universum – auch du – besteht. Jeder Mensch, der ganz bewusst diese Energie lenkt, wirkt magisch. Es gibt viele Formeln und Zaubersprüche, die lediglich dem Zweck die-

nen, die gesamte Konzentration auf das gewünschte Ergebnis zu lenken. Wenn also jemand einen Zaubertrank braut, bewirken die Zutaten, zusammen mit den dazu gesprochenen Worten, dass sich eine ganz besondere Energie in dem Trunk sammelt.

Alles in deinem Leben geschieht, weil du es so willst. Meistens entscheidest du automatisch und unbewusst. Du reagierst auf die Impulse von außen. Deine inneren Muster, Gewohnheiten, Erfahrungen und Dramen sind die Anleitungen, nach denen du handelst. Je deutlicher du dies erkennst, desto besser kannst du ab sofort FÜR DICH entscheiden.

Wenn du dir deiner selbst ganz bewusst bist, kannst du lernen, selbst Impulse zu setzen. Solltest du zum Beispiel den Wunsch nach einem liebevollen Partner und einer glücklichen Beziehung in dir tragen, kannst du sehr viel tun, um dies zu erreichen. Für alle Wünsche gilt: Beginne im Inneren. Dir selbst die Erlaubnis zu geben, ist der allererste Schritt. Dann solltest du alles, was du von Menschen wünschst, erst einmal für dich selbst tun. Wenn sie dich lieben sollen, liebe dich selbst zuerst. Wenn sie liebevoll zu dir sein sollen, sei liebevoll zu dir selbst. Sollen sie dich glücklich machen? Das können sie nicht, denn das kannst nur du selbst.

Und genau so wirkt Magie.

Wenn du dir deiner selbst bewusst und ganz sicher bist, was du willst und brauchst, kannst du die Energie, die in dir und um dich herum ist, in deinem Sinne lenken. Wenn du dabei achtsam mit den Menschen und Gegebenheiten um dich herum umgehst, bewirkst du liebevolle, weiße Magie.

Wenn dir egal ist, ob Menschen unter deinen Wünschen leiden, wenn du sie ohne Liebe, Respekt und Achtsamkeit manipulierst, um deine Ziele zu erreichen, bewirkst du schwarze Magie. Beides ist in Ordnung, denn es sind – wertfrei betrachtet – Erfahrungen. Und beides hat Auswirkungen, denn alles kommt früher oder später zu dir zurück. Sendest du Liebe, wirst du Liebe empfangen. Und die andere Seite funktioniert genauso gut. Es ist deine Entscheidung, was du willst und erfahren möchtest. Alles im Universum hängt miteinander zusammen. Alle Menschen, die sich begegnen, haben sich vor der Inkarnation verabredet. Einige triffst du nur im Vorübergehen, mit anderen hast du eine tiefe Verbindung. Ihr seid alle füreinander Lehrer und Schüler – voller Selbstverantwortung und mit klaren Aufgaben. Was willst du also noch lernen, und was möchtest du weitergeben? Was willst du aussenden, und was willst du empfangen?

Energie zwischen den Seelen ist pure Magie. Das kannst du spüren, wenn dir ein für dich wichtiger Mensch begegnet. Plötzlich scheint die Zeit stillzustehen. Der Blick in die Augen wird zu einem tief berührenden Ereignis. Du möchtest am liebsten laut jubeln und den- oder diejenige einfach glücklich umarmen. Liebevolle Energie fließt zwischen euren Herzen. Das ist Magie. Solche Momente kannst du auch mit anderen Wesen erleben – vor allem mit Tieren. Alles besitzt eine Seele – und auf dieser Ebene kommuniziert alles miteinander. Selbst mit Steinen kannst du sprechen, mit Bäumen, mit den Wolken, mit der Sonne, dem Mond und dem ganzen Universum. Wenn du dein Herz und deine Sinne weit öffnest, kannst du die Antworten verstehen.

Meine Seele spricht in diesem Moment zu dir. Meine Magie erreicht deinen Verstand, vielleicht sogar dein Herz. Wenn du offen bist, wirst du verstehen, was ich dir mitteilen möchte. Ich möchte dir gern Ideen geben, wie du die Magie des Lebens fühlen und nutzen kannst.

Magische Momente
Eine Übung zur kreativen Anwendung

Magische Energie fließt in allem. Am stärksten fließt sie in der Natur, in den Pflanzen und in allem, was lebendig sein darf. Wähle für dich einen Ort, an dem du dich selbst frei und ruhig fühlen kannst. Wähle die Stille, denn dann kannst du deine Sinne am besten entfalten. Finde einen Platz, an dem du bequem sitzen und dich entspannen kannst.

Atme tief. Atme Licht in dich hinein, und lasse alles los, was dich belastet. Stelle dir vor, dass deine Aura, dein weitreichendes Energiefeld, das dich umgibt, immer lichtvoller und reiner wird. Lasse alten Groll los, und übergib ihn vertrauensvoll der Erde.

Nun richte dein Bewusstsein in dein Inneres. Spüre deinen inneren, heiligen Raum, in dem deine eigene Kraftquelle ist. Über diese Kraftquelle, die mit deiner Seele verbunden ist, bist du eins mit dem gesamten Universum. Fühle, wie deine Quelle deutlich zu sprudeln beginnt. Fühle, wie die Energie deiner Quelle sich in deinen ganzen Körper ausdehnt. Sie bringt ihn zum Leuchten und nährt alle Zellen mit Liebe und Kraft.

Spüre, wie diese Schwingung dich immer lichtvoller und leichter macht. Alles Dunkle in dir und um dich herum weicht. Dehne diese lichtvolle Energie über deinen Körper hinaus aus, bis weit in deine Aura hinein. Dein Licht berührt alles um dich herum und taucht es in Liebe.

Nun bist du bereit.

Schließe dein Augen, und fühle: dich selbst, deinen Körper, deinen Herzschlag, deinen Atem.

Spüre, was jetzt, in diesem kostbaren Moment, um dich herum ist. Spüre alles Leben in deiner unmittelbaren Nähe. Fühle die Energie der Pflanzen, der Steine, der Erde und des Himmels. Alles pulsiert, alles leuchtet.

Nun stelle dir vor, dass du allein mit der Kraft deiner bewussten, respektvollen Gedanken diese Energie bündeln kannst. Forme sie vor deinem inneren Auge zu einer Lichtkugel. Bitte gleichzeitig alles um dich herum um Erlaubnis, und bitte die Schöpferquelle, die Energie für alles Leben um dich herum wieder auszugleichen.

Fühle nun die Lichtkugel vor dir. Du kannst auch eine Hand ausstrecken und dir vorstellen, dass die Lichtkugel über ihr schwebt. Du kannst sie größer und kleiner werden lassen. Erfreue dich an dieser wundervollen Energie des Lebens. Dehne deine Liebe aus, damit sie die Lichtkugel immer größer werden lassen kann, bis sie dich einhüllt. Du bist nun in magisches Licht gehüllt. Dies ist eine kraftvolle, schützende Energie, die dir hilft, dich selbst besser zu spüren und deine Gedanken auf ein Ziel zu lenken, das sinnvoll und wichtig für dich ist.

Nun stelle dir dieses Ziel genau vor. Was willst du in naher Zukunft haben, tun oder erreichen? Gibt es einen Ort, an den du die Energie senden möchtest, damit dort Licht und Liebe sein können? Gibt es Menschen, denen du Gutes, Heilung oder Fülle wünschst?

All dies sind kostbare Ziele. Bedenke bitte immer die Selbstverantwortung aller Wesen. Du kannst allen Energie senden, doch sie sollen selbst entscheiden (bewusst oder unbewusst), ob sie das Geschenk annehmen wollen und können.

Wenn du ein Ziel für dich gefunden hast, kannst du nun die magische Energie sanft dorthin lenken. Du kannst dein Ziel einhüllen und mit der Energie erfüllen. Du kannst deine Wünsche mitschicken, als wären sie bereits in Erfüllung gegangen. Du kannst innerlich Worte formulieren und auch aussprechen. Formuliere, als wäre es bereits geschehen. Zum Beispiel: »Schön, dass ich jetzt rundum glücklich mit einem liebevollen Partner bin.« Oder: »Danke für die großartige Arbeitsstelle, an der ich mich rundum wohlfühle und mit wunderbaren Kollegen eine schöne Zeit habe. Ich erfreue mich an jedem Tag, den ich dort arbeiten darf.«

Magische Energie ist wertvoll. Sie vibriert überall um dich herum. Lerne, sie zu lenken. Dann kannst du ein großartiges Leben in Fülle und Glück erschaffen. Zu deinem Wohl und zum Wohl allen Lebens.

Goldener Engelsritt –
Engel und Einhorn vereint

»Lasse uns vorwärtsstürmen – Himmel und
Erde vereint –, um allen Menschen Kraft und
Frieden zu schenken.«

Die Botschaft

Vereine dich mit Himmel und Erde. Du wirst von Engeln und Einhörnern begleitet auf deinem Weg durch die Abenteuer des Lebens. Wir alle sind bei dir, um dir Kraft und Mut zu schenken. Fühle uns. Rufe uns, wenn du uns brauchst. Wir sind immer für dich da.

Engel und Einhörner sind Energien, die den Menschen auf der Erde zur Seite stehen, damit sie ihr Leben in die Hand nehmen können, um ihr eigenes Paradies zu erschaffen. Wir sind hier für euch, damit ihr euer Glück findet. Damit ihr in Frieden und Harmonie – mit euch selbst und allem, was um euch herum existiert – leben könnt. Wir verbinden euch mit der Schöpferquelle, aus der wir alle stammen, und mit dem Herzen des Planeten, auf dem ihr lebt.

Du bist ein Wesen voller Licht und Schönheit. Du allein hast schon eine Heerschar von helfenden Lichtwesen um dich herum, die alle darauf warten, dir dienen zu dürfen. Wir sind Wesen mit einer Seele, die in einer anderen Frequenz schwingen als du. Wir haben uns bereit erklärt, auf der Erde allen Wesen, allem Lebendigen zu dienen. Immer schon waren wir da. Immer schon haben wir die Entwicklung auf Erden verfolgt und zum Wohl des Ganzen gewirkt. Wir möchten dir helfen, deinen Weg zu finden. Wir schenken dir Licht, damit du selbst im tiefsten Schatten Hoffnung findest. Wir schenken dir Kraft, damit du aus freiem Willen und voller Bewusstsein die Richtung ändern kannst, wenn du es wünschst. Wir schützen dich vor dem Sturm, der durch deine Zeit wirbelt, damit du nicht zurückgeweht wirst in dein altes, unbewusstes Sein.

Doch wir haben unsere natürlichen Grenzen, die wir voller Respekt einhalten. Anders als wir, verfügst du über einen grenzenlosen, freien Willen. Wir halten uns an einen bestimmten Plan – deinen Plan, den du vor deiner Zeugung entwickelt hast. Dein Seelenplan hat bestimmte Erfahrungen gespeichert, die du unbedingt auf der Erde machen wolltest. Davon werden wir dich nicht abhalten. Doch wir wissen auch, wann es Zeit ist, dir neue Impulse und Ideen zu geben, damit du neue Erfahrungen zu deinem eigenen Wohl machen kannst. Auch diese Impulse kannst du verwerfen und ignorieren. Es liegt immer bei dir und im Bereich deines freien Willens, zu entscheiden.

Wir werten nicht und lassen dich die Erfahrungen machen, die wichtig für dich sind, denn wir sehen alles jenseits des eingeschränkten, menschlichen Fokus. Dies ist unser Wesen und unser Zweck. Für uns gibt es keine Zeit. Wir spüren die Dualität nicht wie ihr Menschen. Somit können wir geduldig und gelassen sein.

Menschen entscheiden für sich selbst und gleichzeitig auch für das ganze Kollektiv. Jeder Wunsch, den du hast, hat Auswirkungen auf das unsichtbare Netzwerk zwischen allen Seelen. Jede Tat zieht energetische Konsequenzen nach sich. Wenn gesagt wird, dass Engel und Einhörner den Menschen mit reinen Herzen besonders nah sind, so trifft dies durchaus zu. Je stärker du deine Auswirkungen auf die Gesamtheit allen Lebens erkennst, desto achtsamer bist du. Und je achtsamer und offener du für alles bist, desto näher können wir dir sein.

Wir warten auf deinen Impuls. Wenn du uns einlädst in dein Leben, können wir beginnen. Wir können dir auf allen Ebenen kreative Ideen schenken, wie du deine Persönlichkeit noch stärker entfalten kannst. Wir können dir Kraft schenken, damit du eingefahrene Gewohnheiten verändern kannst. Wir schicken dir Botschaften auf den ungewöhnlichsten Wegen, um dich deinen Zielen näher zu bringen.

Unsere Einmischung in dein Leben begrenzt sich auf Energie. Doch diese Energie kann alles verändern, was du dir vorstellen kannst – und noch mehr.

Einladung an Engel und Einhörner
Ein Ritual, um den Kontakt herzustellen und zu vertiefen

Nimm dir Raum und Zeit in der Stille. Entspanne dich, und fühle dich mit allem, was du bist: mit deinem Körper, deinem Geist und deiner Seele. Konzentriere dich auf deine eigene Energie, und richte sie auf das große Netzwerk des Lebens, das die ganze Erde umspannt und weit in den Kosmos reicht.

Verschmilz so gut du kannst mit all deinen Sinnen, und öffne sie, als würdest du viele kleine Antennen ausfahren. Diese Antennen nehmen alles wahr, was du mit Augen und Ohren sonst nicht wahrnehmen kannst.

Nun stelle dir mit deine eigenen Bildern vor, wie wir uns alle um dich versammeln. Egal, ob du uns als lichtvolle Menschen mit Flügeln und als Pferde mit Hörnern visualisierst oder dir einfach leuchtende, konturlose Gestalten vorstellst –, was auch immer gut und richtig für dich ist, es sendet uns das Signal, dir nahekommen zu können. Wir sind immer da. Wir warten nur auf diesen einen Moment, in dem du mit uns Kontakt aufnimmst.

Nun kannst du mit uns sprechen. Du kannst tatsächlich normal reden oder in Gedanken deine Worte formulieren. Wir nehmen es wahr, denn beides ist Energie, die eine Botschaft schickt. Und genauso kannst du unsere Antwort verstehen – von Herz zu Herz. Wenn wir einige Male kommuniziert haben, fällt es dir immer leichter, unsere Botschaften zu fühlen. Mit der Zeit können wir miteinander reden, als wäre es ein Gespräch von Mensch zu Mensch.

Du kannst uns erzählen, was du sonst niemandem erzählen kannst. Du kannst Fragen stellen und deine Wünsche formulieren. Wir hören dir zu. Wir sind für dich da und helfen dir, soweit wir dürfen.

Wir freuen uns auf den Kontakt mit dir – immer!

Tandrador –
Goldener Tänzer

»Ich zeige dir, wie du deine dir innewohnende Eleganz findest. Auch in dir sind Anmut und Selbstvertrauen. Gemeinsam tanzen wir voller Schönheit durch dein Leben.«

Die Botschaft

Schaue, wie ich schwebe, wie ich dahinfliege und dir meine Schönheit präsentiere. Ich bin einfach, wie ich bin. Ich erlaube mir, ganz ich selbst zu sein, so wie du dir erlauben kannst, du selbst zu sein. Ich halte nichts zurück, denn das wäre schade. Ich leuchte, wie ich es für richtig halte und wie ich es fühle. Wenn wir uns einander an unserer Schönheit, Eleganz und Selbstverständlichkeit erfreuen können, findet jeder von uns sein inneres, göttliches Gleichgewicht.

Jede Seele ist perfekt. Sie schwingt im ausgewogenen Gleichgewicht des ewigen Lichtes. Nur auf der Erde, in der Welt der Dualität, kannst du alle Gegensätze erfahren. Jeder menschliche Körper ist perfekt. Mängel entstehen nur im Auge des Betrachters. Alles wurde einst so von jeder Seele geplant.

Jede Zeit hat ihre Schönheitsideale und ihre eigene Sehnsucht nach optischer Harmonie. Was heute als schön gilt, kann morgen schon mit Spott betrachtet werden. Was also ist dir wichtig? Möchtest du dich selbst genießen und schön finden, oder gibst du lieber anderen die Verantwortung für dein Wohlgefühl?

Auch in dir wohnen Schönheit, Eleganz und Anmut. All diese Ideale sind immer verknüpft mit deiner Selbstliebe. Wenn du dich mit allem annimmst, was du bist und wie du bist, kannst du diese wundervollen Aspekte deiner selbst erkennen.

Du hast genau diesen Körper einst gewollt. Du hattest als Seele die Wahl und hast entschieden. Heute kannst du diese Entscheidung anerkennen und das Allerbeste aus dir selbst machen. Nimm nicht die Maßstäbe anderer als Basis, sondern dein Wohlbefinden. Wie darf sich dein Körper formen, wenn du ganz du selbst bist? Wie viel Raum möchtest du einnehmen? Wie willst du dich zeigen?

Egal, wie du dich heute entscheidest. Du allein bestimmst – jeden Tag, jede Minute. Ich helfe dir gern mit meiner Energie, immer deutlicher herauszufinden, wie du dich am wohlsten fühlen kannst. Anmut bedeutet, den Mut zu haben, stolz auf sich zu sein und dies der Welt zu zeigen. Wie auch immer dein Äußeres beschaffen ist – auch in dir steckt Schönheit. Habe den Mut, und zeige dich. Fühle deine Eleganz, und übe dich darin, der Welt zu vermitteln, dass jeder Mensch schön sein kann.

Anmutig durch das Leben gehen
Eine Aufforderung

Sei du selbst – in jedem Augenblick. Es gibt viele Möglichkeiten, dich selbst zu zeigen. Fühle in dich hinein. Schaue dich im Spiegel an. Akzeptiere, was du nicht ändern kannst, und verändere, was du vernachlässigt hast oder immer schon aus purer Freude heraus ändern wolltest. Deine innere Fülle, deine Lebensfreude und dein Glück werden nach außen strahlen, wenn du sie gefunden hast. Dort beginnt wahre Eleganz. Sie ist der Ausdruck deines inneren Wohlgefühls. Sie ist das glückliche Lächeln auf den Lippen, dein entspannter, selbstbewusster Gang, dein freudiger Stolz auf dein Sein. Eleganz zeigt sich auch im zufriedenen Umgang mit den Menschen, in der Art, wie du dich kleidest und den Menschen vermittelst, wie herrlich das Leben sein kann. Jede Seele ist schön und jeder Mensch hat das Recht, sich selbst so zu zeigen, wie es sich am besten anfühlt.

Nutze den Spiegel, um dich selbst liebevoll zu testen – am besten jeden Tag einmal, bis du zufrieden mit dir bist:

Schaue dich an. Bist du glücklich? Kannst du dich anlächeln und dich über dich selbst freuen? Falls nicht, überlege dir, was dich glücklich machen kann – und sorge dafür. Dies bist DU – mit allem, was du einst gewählt und für was du dich entschieden hast. Heute kannst du neu entscheiden, wenn du willst – immer wieder, bis du dich im Spiegel anschauen und dich voller Freude anlachen kannst. Anmut kommt vor allem durch das großartige Gefühl, sich selbst zu lieben, wie man ist. Genau das zeigt sich dann in deinem äußeren Erscheinungsbild.

Tanze mit mir geschmeidig und glücklich durch das Leben, das du dir selbst erschaffst. Sorge für dich. Pflege deinen Körper, und sei gut zu dir. Lächle dich selbst im Spiegel an, denn nur du allein brauchst dich schön zu finden. Dein Lächeln wird auch andere Menschen inspirieren, damit sie ihre Eleganz und ihre Anmut finden.

Ich schenke dir alle Impulse, die du für ein Leben voller Freude an dir selbst brauchst.

Großer Siegesritt

»Der Sieg ist dir gewiss! Nimm die Chance
wahr, die dir jetzt geschenkt wird. Vertraue deiner inneren Stimme, die glücklich ruft, wenn
der rechte Zeitpunkt gekommen ist.«

Die Botschaft

Dein Leben verändert sich sofort, wenn du aktiv wirst und handelst. Du kannst voller Freude auf dein Ziel zulaufen, wenn du innerlich weißt, was gut und richtig für dich ist. Fühle die Gewissheit, dass du dir selbst vertrauen kannst. Nimm dein Leben in die Hand – du kannst viel mehr, als du dir im Moment zutraust. Wir helfen dir zu handeln, damit du die Freude des Sieges, des glücklichen Erfolges, erleben und genießen kannst.

Du hast es in der Hand, wie du durch dein Leben gehen willst. Du kannst dich verstecken oder erhobenen Hauptes, voller Selbstvertrauen auf deine Ziele zusteuern. Du kannst dich kleiner machen als nötig oder der Welt auf Augenhöhe begegnen. Jeder Mensch hat ganz besondere Gaben und Begabungen. Jeder Mensch kann seine Ziele erreichen, wenn er beharrlich und zuversichtlich die Chancen nutzt, die das Leben ihm liefert.

Es gibt keine Begrenzungen, es sei denn jene, die du dir selbst setzt. Wenn du mehr vom Leben willst, packe zu und ändere, was du ändern willst und kannst. Sprenge die Grenzen der alten Glaubensmuster, die du geerbt und erlernt hast. Jeder Mensch kann von ganz unten nach ganz oben gelangen, wenn Wille und Initiative groß genug sind. Es gibt in dieser heutigen Zeit so viele Möglichkeiten, die eigenen Fähigkeiten stetig zu verbessern.

Vor allem gibt es KEINE Ausreden mehr!

Lange genug hat der größte Teil der Menschen auf Erden geschlafen und nach Anordnung funktioniert. Diese Zeiten sind nun vorbei.

Auch du bist aufgerufen zu handeln. Nie war die Kraft zur Veränderung größer als jetzt. Nie gab es mehr Energie, mehr himmlische und irdische Helfer, um völlig neue Wege zu gehen und neue Ideale zu erschaffen.

Du lebst in einer Zeit, die dich intensiv auffordert, dich selbst und dein Handeln bzw. dein Abwarten infrage zu stellen. Wo zögerst du noch? Warum zögerst du? Was willst du wirklich?

Endlich handeln
Ein Aktionstraining

»Nimm dein Lebensbuch oder einen großen Zettel, und schreibe auf, was du im Moment wirklich willst. Formuliere es so lange, bis es sich richtig gut anfühlt. Bis dein Ziel glasklar formuliert ist und jeden – dich einschließlich – überzeugen kann. Schreibe es so, als wäre es jetzt, in diesem Moment, schon erreicht.

Nun schreibe auf, was dich daran hindert, dieses Ziel zu erreichen. Notiere, was genau dich zögern lässt. Sei vollkommen ehrlich zu dir selbst. Finde heraus, wo du dich selbst sabotierst und wo du noch Verantwortung an andere abgibst.

Wenn deiner Meinung nach jemand anderes verantwortlich für deine Blockade ist, finde heraus, was das mit dir zu tun hat. Niemand kann dich hindern, glücklich zu sein., nur du selbst. Dies ist dein Schatten, dein Ego. Es ist wichtig für dieses Leben, doch solltest du lernen, es in das große Spiel mit einzubeziehen. Dies funktioniert am besten, wenn du dein Ego annimmst und lieben lernst.

Übernimm JETZT die hundertprozentige Selbstverantwortung für dein Leben. Du hast sie und hattest sie immer – schon von Anfang an. Wenn jemand dein Leben so beeinflusst hat, dass du dich in diesem Moment unwohl fühlst, hast du damals die Verantwortung abgegeben und diesen Menschen gebraucht, um wichtige Erfahrungen zu machen. JETZT nimmst du die Verantwortung zurück und kannst dem Menschen dafür danken, noch stärker und reifer geworden zu sein.

Niemand ist schuld daran, wenn etwas in deinem Leben nicht funktioniert. Es gibt keine Schuld, nur Entscheidungen. Schuld und Sünde sind Erfindungen, um Leben zu begrenzen und klein zu halten. Befreie dich aus dieser Denkstruktur, und erkenne, dass es immer nur deine Entscheidungen sind, die dich einengen oder befreien. Sprenge deine Grenzen! Du kannst es.

Du hast alle Werkzeuge und Begabungen auf die Erde mitgebracht, um deine inneren, größten Ziele zu erreichen. Dies ist die Wahrheit. Und wenn dies wahr ist, dann kannst du jetzt anfangen, sie zu nutzen und immer wieder neue Ideen zu erschaffen, die dich an deine Ziele führen. Du kannst nun handeln.

Schreibe dir die nächsten Schritte auf, die du gehen willst. Schreibe dir auf, was du alles selbst tun kannst und wer dir helfen kann, dein Ziel zu erreichen. Lasse deinen Bauch und dein Herz mit entscheiden. Sie kennen die Antworten, denn sie sind eng verbunden mit deinem wahren Seelenplan. Werde zum Magneten für alles, was dir helfen kann. Erlaube dir, dass es leicht und voller Freude möglich ist, deine Ziele zu erreichen. Erkenne, wie viel Spaß es machen kann, selbst aktiv zu werden. Sei stolz auf dich, wenn dir wieder etwas gelungen ist auf deinem Weg zu deinem Ziel. Genieße die großen und kleinen Siege des Lebens – vor allem die Siege über deinen Schatten, der dich sabotieren will.

Lerne, deinen Schatten zu lieben, dann wird er dir zum Freund werden, statt dir dauernd Steine in den Weg zu legen.

Wir sind bei dir und schenken dir Kraft, damit du handeln kannst. Lade uns ein, dich auf allen Ebenen zu unterstützen. Unsere Hilfe ist dir gewiss. Sei achtsam, dann wirst du in den nächsten Tagen viele neue Impulse wahrnehmen und die Türen erkennen, die sich für dich öffnen. Du wirst die Chancen und Wunder annehmen können.

Emjafijr – Einhorn des Selbstbewusstseins

»Bist du dir deiner selbst bewusst, so kannst du alles tun, alles sein und alles werden, was du willst. Gern erfreue ich mich an dem Licht, das du bist.«

Die Botschaft

Alles in dir drängt nach Veränderung. Wie bei einer Raupe, die sich verpuppt hat, um ein Schmetterling zu werden, ist deine Hülle zu eng geworden – du willst wachsen. Am stärksten wächst auf Erden immer dein Selbstbewusstsein. Du spürst in dir den Drang und Wunsch, deine Flügel auszubreiten, um voller Glück zu fliegen. Damit du einen neuen, weiten Schritt hinein in die Einheit machen kannst. Ich helfe dir, das Bewusstsein zu entfalten, das noch in dir schlummert, doch mit jedem Tag mehr erwacht.

Bewusstsein ist in all deinen Zellen. Es ist in allem, was in dir ist, und auch in allem, was dich umgibt. Einzig ihr Menschen habt euch einst von diesem ewigen, friedlichen und glücklichen Einssein getrennt. Du wolltest hierher auf die Erde, um die Trennung zu erfahren. Sie bedeutet, von dem, was ist, ein Teil zu sein und doch nicht wirklich fühlen zu können, wie alles pulsiert vor Freude.

Heute ist es an dir, dich zu fragen, ob du wieder eins sein willst, ob du wieder den ewigen Strom des Lichtes fühlen und dich voller Vertrauen und Bewusstsein hingeben möchtest. Dies ist die einzige, wahre, große Prüfung. Wir Einhorner sind einzig auf diesem Planeten, um diese Momente zu feiern. Um jeden Menschen voller Liebe und Glück wieder im ewigen Kreis des Lichtes empfangen zu können.

Wirst du einst diesen Körper verlassen, wird deine Seele sich wieder einfügen in diesen Kreislauf. Die wahre Kunst und das große Ziel deiner Inkarnation ist jedoch, diesen Zustand schon zu Lebzeiten zu erreichen. Ihr nennt es »Erleuchtung«, »Samadhi«, »Nirwana«. Es ist das Bewusstsein, dass du ein Selbst, ein Ego hast. So, wie du mit diesem verschmilzt, kannst du auch mit allem anderen, was ist, verschmelzen.

Dir deiner selbst bewusst zu sein, ist Achtsamkeit. Es bedeutet, dass du dich fühlst und liebst, dass du dich so gut kennenlernst, dass es für dich selbstverständlich wird, eine liebevolle Einheit zu bilden. Es bedeutet, deinen Körper zu ehren als Tempel deiner Seele, deinen Geist von alten Gedanken zu befreien, damit er die Freiheit der Inspiration und den Zustand von Frieden und Reinheit genießen kann. Und schließlich bedeutet es, wieder mit deiner Seele eins zu werden und zu wahren, meisterlichen Zuständen zu gelangen.

Selbstbewusstsein bedeutet Klarheit, Frieden und Annehmen dessen, was ist. Es bedeutet, in jedem Moment mit allen Sinnen und allen Teilen deiner selbst zu agieren und zu reagieren. Alle Teile von dir sind sehr stark. Schon ein jeder für sich kann viele Aufgaben hervorragend lösen, doch als Einheit sind sie unschlagbar.

Ich bin auf Erden, um dich an diese Einheit zu erinnern. Wenn du mit dir selbst und allen Teilen deiner menschlichen Inkarnation verschmilzt, erkennst du, wie wundervoll du bist. So wundervoll wie jede Seele auf diesem Planeten. Göttlich, lichtvoll und ein Wesen aus reiner Liebe. Alles um dich herum dient dir und jeder anderen Seele, damit ihr in dieser Inkarnation eure gewünschten Aufgaben erfüllen könnt. Damit ihr erfahren könnt, wie Trennung und das Wiederverschmelzen funktionieren. Dieses Leben ist so unendlich kostbar und wertvoll. Es ist durch dich und für dich erschaffen, damit du glücklich sein kannst.

In Wahrheit bist du – die Summe deiner einzelnen Teile – viel größer als die Erde. Daher sehnst du dich auch so oft danach, diese Erde zu verlassen. Der Körper ist manchmal einfach zu klein und zu begrenzt. Die Einheit ist so unendlich groß, unsterblich und lebendig. Dieses Gefühl gilt es nun, im Leben in dir zu tragen. Deine Seele wollte unbedingt diesen Körper, um die Enge, das Getrenntsein und die Dualität zu erfahren. Darin angekommen ist das Gefühl für viele Seelen so heftig, dass sie beinahe am liebsten sofort wieder daraus flüchten würden.

Doch neben allem Engen und Dunklen gibt es noch so viel Schönheit und Wunder zu entdecken. Wenn du mit dir selbst eine entspannte Einheit bildest, wirst du offen und empfänglich sein für die wahre Pracht der Erde, die du einst genießen wolltest. Genieße sie jetzt!

Mit dir selbst verschmelzen
Eine Achtsamkeitsübung

»Finde einen Raum, der ruhig und friedlich ist. Mache es dir bequem. Ich bin bei dir, um dich bei dieser wichtigen Übung zu unterstützen, wenn du es möchtest. Fühle meine achtsame, liebevolle Anwesenheit, die einzig existiert, um dir und deinem allumfassenden Bewusstsein zu dienen. Diese Übung ist wichtig, und sie braucht deine ganze Konzentration und Aufmerksamkeit. Um wahrhaftig mit dir selbst verschmelzen zu können, braucht es vielleicht mehrere Male, doch du wirst nach jedem Mal den Unterschied sofort in deinem Leben spüren.

Betrachte dich selbst. Betrachte deinen wundervollen Körper. Spüre ihn. Was auch immer du fühlst, ist ein Teil von dir. Berühre deinen Körper zärtlich. Vor allem die Teile von dir, die du bis jetzt abgelehnt hast, weil sie nicht schön genug, nicht liebenswert genug waren oder wehtun.

Betrachte dich durch die Augen der Liebe. Fühle Liebe für dich, denn Liebe ist der Weg zur Einheit und die verbindende Kraft, die Selbstbewusstsein nährt.

Liebe heilt und beruhigt alle Zellen, die in deinem Körper weinen, weil du dich selbst vernachlässigt hast. Liebe ist das Licht der Schöpferquelle, um deinen Körper stark und rein zu halten. Fühle Liebe in deinem Herzen – nichts ist jetzt wichtiger. Lasse sie aus deinem Herzen in deinen ganzen Körper fließen, damit alle Zellen spüren, dass sie wahrgenommen und geliebt werden. So können sie zur Ruhe kommen und wieder voller Freude pulsieren.

Nun schließe die Augen. Fühle deinen Geist. Er ist mehr als dein Verstand. Er ist reine, leuchtende Energie, die denkt. Doch er ist auch mehr als deine Gedanken. Dein Geist ist Wissen, Weisheit und Intelligenz, die nicht nur in deinem Gehirn aktiv ist, sondern auch in deinem allwissenden Herzen und in allen Zellen deines Körpers. Überall ist Bewusstsein, das sich zu einer Wolke aus Geist formt, die riesengroß ist. Dein Geist ist weit und berührt alles Sichtbare und Unsichtbare. Wenn er klar und frei ist, kann er aus dem gigantischen, unsichtbaren Netzwerk des Universums Informationen empfangen, die dir weiterhelfen auf deinem Lebensweg.

Reinige deinen Geist von alten Gedanken. Lasse sie davonfliegen. Lasse den alten Schmerz und die Wut los. Sie verdunkeln deinen Geist. Stelle dir vor, wie leuchtende, lichtvolle Impulse wie eine wundervolle Dusche deinen Geist und deinen Körper umspülen, bis alles an dir zart und glänzend ist. Was vorher schwer und dunkel war, ist nun strahlend hell und federleicht.

Spüre, wie dein Körper und dein Geist nun vor lauter Wonne zu vibrieren beginnen. Endlich kannst du dich selbst spüren. Nimm all deine Zellen wahr. Nimm deinen weiten, glücklichen Geist wahr, der wieder frei und unbegrenzt fliegen und neue Gedanken finden kann. Das bist du. Das warst du schon immer und das kannst du immer sein – frei, leicht und voller Licht.

Nun finde in dir den Raum deiner Seele. Es gibt einen Punkt in deinem Körper, an dem du verbunden bist mit deiner ewigen, unendlich großen Seele. Diese Seele ist freie Schöpferenergie und größer als alles, was du dir vorstellen kannst. Sie ist eine Wolke aus Energie, die nur aus Licht und Liebe besteht. Nur ein kleiner Teil ist mit deinem Körper und Geist verbunden. Spüre diesen Verbindungspunkt. Lege eine Hand auf diese Stelle, und fühle sie pulsieren. Fühle deine Seele, die reine Energie ist – unsterblich, ewig verbunden mit allem, was existiert.

Jetzt fühle voller Achtsamkeit alles, was du bist. Was auch immer mit deinem irdischen Körper geschieht – du bist ein unsterbliches, göttliches Wesen. Du kannst all dein Licht und all deine Liebe IMMER spüren. Du wolltest in diesen Körper, wolltest einen neugierigen, wachen Geist, um auf der Erde denken und agieren zu können. Du hast alles, was du dir als Seele wünschen und vorstellen konntest, doch jetzt kannst du es auch FÜHLEN. Dies war dein ursprünglicher Wunsch für dieses Leben. Erfülle ihn dir. Verschmilz als göttliche Einheit. Nimm dich selbst in die Arme, nimm dich als göttliches Wesen an, damit du noch viele glückliche Jahre als Schöpfer/in auf diesem Planeten sein kannst.

Sei dir deiner selbst bewusst mit allem, was du bist.«

Harmonie der Energien

»Fühle die liebende Energie der göttlichen Harmonie in dir. Wir zeigen dir, was möglich ist. In Harmonie zu schwingen und zu sein, ist dein Urzustand. Finde den Weg zurück dorthin. Wir helfen dir.«

Die Botschaft

Wir alle sind hier, um dir zu zeigen, wie du wieder in friedlicher Harmonie mit dir sein kannst. Himmel, Erde und Wasser sind die irdischen Elemente der Harmonie.

Der Himmel ist die Freiheit deines Geistes. Die Engel sind an deiner Seite, um deinen Geist und deine Seele in der Weite des Universums zu begleiten. Sie helfen dir, dich mit deiner großen Schöpferquelle zu verbinden, damit du selbst wieder aus der Einheit schöpfen kannst. Damit du Kraft und Inspiration findest, um glücklich zu sein.

Wir Einhörner sind als Hüter und Beschützer der Erde an deiner Seite, um dir zu zeigen, wie herrlich ein bewusstes Leben sein kann. Wir schenken dir Wahrheit und Weisheit. Wir schützen deinen Körper, indem wir dir bewusst machen, wie wichtig und wertvoll das Geschenk des Lebens ist, das du dir einst selbst gemacht hast.

Die Energie des Wassers ist die Lebendigkeit deiner Gefühle. Die Delfine sind Vermittler der uralten Weisheit der Meere, in denen einst das Leben begann. Dort wurde Bewusstsein geboren, und dort wird es immer sein. Es wurde größer, dehnte sich aus, und schließlich eroberten die Bewohner der Meere auch die Kontinente. Doch immer ist alles miteinander verbunden. Das Wasser ist ein großes Symbol für deine dir innewohnenden Gefühle und den Ursprung deiner irdischen Existenz. Dein Körper besteht zum größten Teil aus diesem Element, das eine eigene Intelligenz besitzt, die dich permanent informiert.

Öffne dich für alle Energien dieser Erde, die dich unterstützen möchten. Dann fühlst du die Harmonie, die in dir schwingt und dir Ruhe und Frieden schenkt.«

Harmonie ist ein Grundzustand des Lebens, den jede Seele an-
strebt. In Harmonie zu sein, bedeutet, dass alles ausgewogen
vorhanden ist, was du brauchst. Du hast dein eigenes Verständnis von Harmonie, denn du bist ein göttliches Wesen, das in
diesem besonderen Körper ein Individuum ist. Du hast eine eigene Persönlichkeit und brauchst andere Dinge, um glücklich zu
sein, als andere Menschen. Werde dir dessen, was du brauchst,
bewusst.

In Harmonie sein
Ein Gefühlstraining

Am besten schreibst du dir auf, was du brauchst, um glücklich zu
sein. Viel von dem, was deine ganz besondere Seele in diesem
ganz besonderen Körper braucht, liegt unter den Wünschen anderer Menschen vergraben. Du hast schon früh Wünsche deiner
Eltern übernommen, die diese wiederum von ihren Eltern übernommen haben usw. Du wirst täglich gefüttert mit Impulsen aus
den Medien, die dir diktieren wollen, was du dir wünschen sollst,
damit sie ihre Produkte und Dienstleistungen verkaufen können.
Aber was sind deine echten, tiefen Wünsche? Was brauchst du,
um in Harmonie mit dir selbst und deinem Leben zu sein?

Wenn du dies mit der Zeit herausfinden kannst, bist du einen
gewaltigen Schritt vorwärtsgekommen auf deinem Seelenweg.
Denn die tiefen Wünsche in dir nach Liebe, Frieden, Glück und
Harmonie lenken und leiten dich auf deinem persönlichen Weg
zu deinen Zielen. Es ist eine Illusion, dass alles, was gut und
wichtig für dich ist, nur durch Mühe und harte Arbeit erreicht
werden kann. Nur weil deine Vorfahren diesen Glaubenssatz

wie ein Mantra täglich heruntergebetet haben, muss es nicht deine Wahrheit sein.

Du hast es verdient, in deiner eigenen Harmonie zu leben.

Himmel und Erde unterstützen dich. Mache Frieden mit dem, was war, und öffne dich für die göttlichen Impulse, die dir helfen, dich selbst zu erkennen. Engel sind an deiner Seite, um deinen Weg zu beschützen und dich mit ihrer Liebe stark zu machen. Einhörner sind bei dir, um dich mit Weisheit und Klarheit aus alten Mustern zu befreien. Delfine senden dir aus den Meeren der Welt die Kraft der Gefühle, damit du dich selbst voller Liebe spüren kannst. Deine Gefühle sind der Antrieb, um ein Leben voller Freude und Leichtigkeit erschaffen zu können.

Alle zusammen dienen wir dir, damit du voller Selbstbewusstsein, Selbstvertrauen und Liebe du selbst sein kannst. Fühle die Harmonie, die wir dir schenken, und genieße, was du bist – jeden Tag.

Aijfina – Hüterin des inneren Schatzes

»In dir ist alles, was du für ein glückliches Leben brauchst: so viele Gaben, so ein leuchtendes Potenzial. Ich helfe dir, deinen Schatz zu finden.«

Die Botschaft

Vertraue mir. Ich wache sorgsam über die Schätze, die in deinem Inneren ruhen. Sie hast du mitgebracht, als du einst auf diese Erde gekommen bist. Ich helfe dir, all das Leuchten in dein Leben zu lenken, damit du dich in all deiner Pracht und Schönheit entfalten kannst. Du hast so viel in dir – erlaube dir, es der Welt zu zeigen!

Spürst du, wie wertvoll du bist? Spürst du, wie wertvoll dein Leben ist? Ich bin bei dir, um es dir zu zeigen.

Dein innerer Schatz liegt tief in dem heiligen Raum deines Seins verborgen. Um ihn zu finden, darfst du dich selbst jeden Tag neu finden. Dein innerer Schatz besteht aus all deinen Gaben, deinen Talenten, deinen kreativen Ideen und Werkzeugen, die du mit auf die Erde gebracht hast. Du bist selbst ein funkelndes Juwel. Jede einzelne Facette deines Seins schillert in den schönsten Farben. Kannst du es sehen?

Alles an dir ist kostbar. Dies gilt es endlich anzunehmen. Akzeptiere deine Schönheit, deine ganz besondere Persönlichkeit und dein inneres Licht, das nach außen leuchten will. Das war der Plan deiner Seele, bevor du auf die Erde gekommen bist.

Dein Schatz ruft nach dir. Deine Juwelen wollen im Sonnenlicht deines Lebens leuchten. Tauche mit mir hinab in die heilige Kammer deiner Seele, und finde, was du schon so lange suchst: dich selbst – jeden Tag neu.

Deine Schatzkammer
Eine leuchtende Visualisierungsübung

Nimm dir Zeit, und finde einen Raum voller Ruhe. Entspanne dich, und nimm dein Lebensbuch zur Hand, damit du dir aufschreiben kannst, was du gleich erleben wirst.

Schließe die Augen, und fühle in dich hinein. Dort, in dir, findest du den heiligen Raum, in dem deine Seele mit deinem Körper und deinem Geist verbunden ist. In diesem heiligen Raum sprudelt die Quelle deiner unerschöpflichen Energie. Hier ist alles enthalten, was du mit in dieses Leben gebracht hast, um deinen Seelenplan voller Glück zu erfüllen.

Schaue dich in deinem heiligen Raum um. Hier wohnt der große Schatz all deiner Talente und Begabungen. Hier funkeln die Juwelen deines Geistes. In großen Schatztruhen liegen all die Antworten auf die Fragen deines Lebens. In Kisten und Schatullen stecken Ideen und Impulse für die wichtigen Entscheidungen, die du zu treffen hast.

Was brauchst du gerade besonders dringend? Finde es in deiner heiligen Seelenkammer! Packe es aus, und betrachte es von allen Seiten. Fühle es. Lade es ein, sich nun ganz und gar in dein Leben auszudehnen. Nimm es mit, wenn du wieder in dein Tagesbewusstsein erwachst.

Alle Schätze in deiner heiligen Seelenkammer möchten aktiv werden, möchten ans Tageslicht kommen und gelebt und geliebt werden. Was auch immer du brauchst, um glücklich zu sein – hier findest du es: Liebe, Ideen zur Heilung, deine Selbstheilungskräfte, Fantasie, Schönheit, Selbstvertrauen und vieles mehr. Öffne die Truhen, und lasse die Kraft deiner Wünsche in alle deine Zellen fließen. Lasse sie in deinen Geist strömen.

Lade deinen Verstand ein, an diesem Fest des Lebens teilzuhaben, denn er entscheidet mit, ob du dir erlaubst, glücklich zu sein.

Lade dein Ego ein, damit es erkennt, dass es gut und richtig ist, die Schatztruhen zu öffnen. Oft hat dein Ego gelernt, dass Glück eine Illusion ist. Heute kannst du es davon überzeugen, dass es herrlich und richtig ist, ein schönes Leben zu führen.

Wenn alle Teile von dir einer Meinung sind, dass es wichtig ist, die Schätze deines Lebens ans Tageslicht zu holen und zu genießen, bist du frei. Du kannst sein, was du willst und was du wirklich bist.

Schreibe dir auf, was du aus deiner Schatzkammer in dein bewusstes, waches Leben holst. Notiere dir, was du genießen willst und wie es sich anfühlt, darin zu baden – voller Glück. Wenn du es immer wieder nachlesen kannst, kannst du dich selbst davon überzeugen, dass es in dir ist. Dann kann es immer stärker und deutlicher werden in deinem Leben.

Mandror und Fandrera –
Könige der Lüfte

»Es ist gut, auch einmal über der Welt zu schweben und das Leben von einer höheren Warte aus zu betrachten. So erkennst du die Zusammenhänge.«

Die Botschaft

Wir zeigen uns dir, weil wir wissen, dass du gerade jetzt ein wenig Abstand von deinen verwirrten und verknoteten Alltagserlebnissen brauchst. Es tut so gut, für einen Augenblick alles loszulassen, den Geist aus dem Körper zu befreien und in den Himmel zu steigen. Aus der Höhe betrachtet kannst du herunterblicken und dein Leben aus der Vogelperspektive anschauen. Was hat zu der Situation geführt, in der du bist? Wo begann der Weg, und was ist gerade jetzt für dich wichtig? Flieg eine Runde mit uns durch die Lüfte. Reinige und kläre deine Gedanken, damit du danach entspannt und gelassen alle Knoten entwirren kannst.«

Ein freier Flug, beschützt von Einhorn und Adler, hilft dir, die Wahrheit zu sehen. Was auch immer du gerade erlebst, ist in der Vergangenheit entschieden worden – von dir. Du hast bestimmte Gedanken gehegt, hast Worte gesprochen und sie danach in die Tat umgesetzt. Alles hat immer eine Ursache, die Auswirkungen hat. Wenn du mit uns in die Höhe steigst und dich selbst von außen betrachtest, kannst du die Ursache viel besser erkennen.

Vielleicht steckt noch Wut in dir, die sich immer wieder, wie ein Echo, in deinem Leben zeigt und viele schöne Momente zerstört. Vielleicht kannst du alte Gedanken an Verletzungen oder angstvolle Ereignisse nicht loslassen, sodass sie wie dicke, schwere Steine in deinem Bauch liegen. Sie machen dich schwer, und du fühlst dich ohnmächtig.

Was auch immer zu der aktuellen Situation geführt hat – du kannst viel verändern, wenn du dir anschaust, woher der Zustand kommt.

Steig mit uns empor. Wir sind da, um dich spüren zu lassen, wie herrlich die Freiheit ist. Du kannst auf meinen Rücken steigen, und der Adler streichelt dir sacht die Wange als Zeichen seiner Freundschaft. Du kannst dich fallen lassen, denn ich trage dich. Du kannst für einen Augenblick alles hinter dir lassen – die Welt kommt auch mal ohne dich zurecht. Jetzt ist es Zeit, dich selbst zu genießen. Jetzt ist es Zeit, zu träumen und deiner grenzenlosen Fantasie Raum zu geben.

Träume dich empor zu den Sternen, zur Sonne und den Engeln. Träume dich frei, und erkenne, dass Freiheit kein Traum ist. Du bist frei – in jeder Minute. Alles andere ist eine Illusion.

Wir helfen dir gern, die Verstrickungen zu lösen. Wenn du uns diese Aufgabe gibst, zeigen wir dir, was du tun kannst. Lausche unseren Ideen, die wir in der Stille des Himmels mit dir teilen. Fühle die Kraft, die wir dir schenken, um entspannt und voller Klarheit dein Leben zu leben. Erlaube dir, frei und glücklich zu sein.

Himbjer –
Liebevolle Freundschaft

»Deine Herzensfamilie ist ein wichtiger Weg-
begleiter in der Zeit des Wandels. Wahre
Freunde fühlen und erkennen einander in Liebe.«

Die Botschaft

Dein Leben ist voller Abenteuer. Du wolltest hier auf Erden Erfahrungen machen, die du gemeinsam mit anderen Menschen bestehst. Deine Seele kennt die Liebe, denn sie besteht aus reiner Liebesenergie. Doch auf der Erde wolltest du diese Liebe – und ihre Abwesenheit – zutiefst fühlen. Dabei können dir Freunde ganz wundervoll helfen. Als Mensch brauchst du Zuspruch, Berührung, Trost und das Lachen mit anderen Menschen. Erlaube dir, liebevolle Freundschaften zu genießen. Sie machen dein Leben lebenswert.

Liebevolle Freundschaft kann erblühen, wenn du dich für andere öffnest. Wie auch deine Familie und deine Liebespartner dienen sie dir als Lehrer und Spiegel. Durch sie und mit ihnen kannst du dich selbst noch tiefer und besser kennenlernen. Das ewige Spiel auf Erden ist die Kommunikation. Sie geschieht durch Worte und Gesten, oft aber auch nur durch Gedanken. Mit echten Freunden bist du immer verbunden. Du kannst ihnen mit einem glücklichen, liebevollen Gedanken deine Energie senden – sie werden es spüren. Wahre Freundschaft ist der beste Trainingsplatz für deine Selbstliebe. Ihr dient einander, um das Beste aus euch herauszuholen. Dies geht manchmal nicht ohne den berühmten Tritt ins Fettnäpfchen. Es sind alte Verletzungen und Erinnerungen. Wenn du also mal ein falsches Wort verwendet oder etwas Unangemessenes getan hast, werdet ihr kommunizieren müssen, um das Missverständnis aufzulösen oder die Unachtsamkeit auszugleichen. Auch das gehört zur Freundschaft dazu.

Es ist ein Geschenk, mit jemandem liebevoll befreundet zu sein – ein Geschenk, das immer wieder neu gemacht wird. Es wird Zeiten geben, in denen einer von euch zu sehr beschäftigt ist, um sich intensiv um den anderen zu kümmern. Dann ist Geduld gefragt. Es wird Zeiten geben, in denen ihr einander trösten könnt, in denen ihr einander ehrlich und respektvoll die Meinung sagt, und Zeiten, in denen das Schweigen wunderschön ist. Freundschaft ist die wertvollste Unterstützung, wenn ihr euch verändert. Sie stärkt euch den Rücken und hilft euch, euren Weg zu finden. Durch Veränderung kann eine Freundschaft auch auseinandergehen, doch dann war sie bis zu diesem Zeitpunkt wertvoll und verdient Dank. Dann werden neue Türen für neue Freunde aufgehen, die sich wiederum eine Zeit lang mit euch an all den Wundern erfreuen, die euch begegnen.

Freundschaft kann ein seelenvoller Ausdruck der größten Kraft auf Erden sein: der bedingungslosen Liebe. Wenn ihr nichts voneinander erwartet und euch schlicht aufeinander und aneinander erfreut. Wenn ihr die Nähe des anderen genießt und füreinander da seid. Wenn ihr den schmalen Grat erkennt zwischen freudiger Hilfe und sinnloser Aufopferung. Denn Freundschaft erwartet keine Opfer. Deine eigene Selbstliebe braucht nicht aufgegeben werden, damit du von deinen Freunden geliebt wirst. Im Gegenteil: Wahre Freunde unterstützen dich darin, dich täglich selbst mehr zu lieben. Denn dies ist die Basis für ein erfülltes Leben – und auch für glückliche Freundschaften, die harmonisch und friedlich das eigene Sein ergänzen.

Die Seelenfamilie trifft sich immer wieder auf Erden, um das Leben zu feiern. Um miteinander Abenteuer zu bestehen, die den eigenen Seelenplan erweitern. Um miteinander als Familie, Freunde, Partner und Widersacher das große Fest der Dualität zu durchtanzen und die Liebe zu bejubeln.

Deine Seelenfamilie ist dir treu. Sie ist pure Liebe, die sich auf wundervolle Weise auch in guten Freunden zeigt. Ehre und respektiere die Menschen an deiner Seite, so wie du dich lieben, ehren und respektieren kannst. Diese einfache Botschaft ist der stärkste Widerhall der Weisheit in diesem Universum, auf diesem Planeten namens Erde.

Empror –
Mondschein-Meeres-Tanz
der Freiheit

»Alles liegt vor dir – eine Welt der Freiheit,
der Wunder und der Schönheit. Lasse uns gemeinsam diese Welt entdecken.«

Die Botschaft

Was auch immer du tust, wo auch immer du bist – du bist frei. Deine Kraft ist unendlich, dein Geist ist unendlich – du bist ein Wesen voller Energie. Deine Liebe ist frei, so wie deine Gedanken. Du allein entscheidest. Genieße deine Freiheit, denn sie ist dein höchstes Gut.

Du lebst in einer Zeit, in der Freiheit selbstverständlich geworden ist. Und doch fühlt sich kaum jemand wirklich frei. So sehr seid ihr eingebunden in Verpflichtungen, Versprechen und die Verantwortung für andere – oft für die ganze Welt. Du bist frei, denn dein Geist lässt sich nicht einsperren. Deine Gedanken fliegen rund um den Globus und weit ins Universum hinein. Deine Seele kennt diese große, weite Freiheit, denn sie ist pure Energie – jenseits von Materie.

Wenn du dich in deinem Leben gebunden fühlst und nach einem Weg suchst, der dich in die Freiheit lenkt, so sei dir gewiss: Sie ist schon da. Du brauchst sie nicht mehr zu suchen. Du kannst dich entspannen und fühlen, was jetzt ist. Spüre, dass du dich jederzeit neu entscheiden kannst. Ich tanze, springe und laufe mit dir in jede Richtung. Ich nehme dich mit auf meinem Rücken, damit du spüren kannst, wie schön das Gefühl der Freiheit ist. Lasse uns gemeinsam über das Land und das Meer fliegen. Lasse uns zusammen für dich die Grenzen überschreiten, die dich einengen. Die Delfine begleiten uns. Sie sind die Engel der Meere und verkörpern auf schönste Weise die spielerische Leichtigkeit. Sie sind voller Eleganz und genießen ihre Kraft und Schnelligkeit. Sie sind ohne Grenzen und zeigen dir, wie herrlich das Leben ist.

Erkenne deine Freiheit, und ändere, was du ändern willst. Veränderungen beginnen immer in deinem Inneren – meist in deinem Geist. Oft fühlen die Menschen sich fehl an dem Platz, an dem sie zurzeit sind. Sie laufen fort und möchten woanders – in einer anderen Stadt, bei einem anderen Partner oder auf einem anderen Kontinent – ihre Freiheit finden. Doch sie nehmen ihre Empfindungen immer mit. Freiheit ist unabhängig von Raum und Zeit. Sie ist eine Gewissheit und dein Seelenrecht.

Ich helfe dir gern dabei, ein echtes, tiefes Gefühl von Freiheit zu gewinnen. Damit du voller Freude und Leichtigkeit mit mir den Glanz des Mondes genießen und die Leichtigkeit des Seins erfahren kannst.

Vollkommene Freiheit
Entdecke das Gefühl – eine kleine Übung

Wo auch immer du gerade bist, atme tief ein und aus. Verbinde dich mit deinem Körper, und spüre dich von Kopf bis Fuß. Dann verbinde dich mit der Erde, und fühle sie unter deinen Füßen. Danke ihr. Spüre das Universum um dich herum mit all seiner Energie, Liebe und Unterstützung für deine Seele.

Stelle dir vor, dass ich bei dir bin und nun – ganz achtsam und vorsichtig – all die Last von dir nehme, die du trägst. Ich nehme dir all die Verantwortung ab, die du für andere übernommen hast, die du trägst, um geliebt, geachtet und respektiert zu werden. Ich nehme sie dir ab, weil es nicht nötig ist. Jeder Mensch hat die volle Verantwortung für sich – so auch du. Übergib mir alles, was dich schwer macht, was dich müde macht.

Übrig bleibt, was wichtig für dich ist: deine Verantwortung für dein Glück, deine Leichtigkeit und deine Freiheit.

Spüre, wie du immer entspannter wirst. Die Last ist fort. Dein Herz schlägt kraftvoll, dein Atem fließt gleichmäßig. Dein Geist dehnt sich in den neuen, frischen Raum aus, der entsteht. Du kannst neu und frei entscheiden, was dir guttut. Ich durchflute dein Energiefeld mit Licht und Klarheit.

Genieße die vollkommene Freiheit. Nur dein Glück zählt, denn du bist der wichtigste Mensch in deinem Leben. Und so ist es für alle anderen Seelen auch. Ihr seid alle miteinander verbunden. Wenn du dich frei und glücklich fühlst, erfahren auch die Menschen um dich herum, was Freiheit ist. Dann seid ihr alle voller Frieden.

Fühle Deine Leichtigkeit, denn die Last ist fort. Da ist Weite zum Atmen, da ist Sonne im Herzen, da ist Lust auf Leben.

Fort sind die Schatten, die Fesseln, die Last. Übrig ist die Erkenntnis, dass du immer frei bist – zu jeder Zeit und an jedem Ort. Genieße deine Freiheit.

Frei – weit – klar
ist der Horizont.
Rein – zart – weich
ist deine Seele.
So klar wie das Wasser der Welt.
So hell wie die Nacht des vollen Mondes.
So unendlich wie die Schönheit der Liebe.

Freiheit ist in dir.
Sie trägt dich auf Schwingen der Freude.
Freiheit ist dein ewiges Geschenk.
Es ist verborgen in deinem Herzen.

So glücklich kannst du sein.
Auf ewig!

Sandroar –
Einhorn des Trostes

»Trost ist für dich da. Sonne ist für dich da.
Atme tief den Frieden ein, den ich dir schenke.
Ich liebe dich für alles, was du bist, und tröste
dein Herz, damit du erkennen kannst, dass du
nie allein bist. Die Sonne des Lebens scheint
für dich.«

Die Botschaft

Ich komme zu dir in den Zeiten, in denen du Trost brauchst. Ich umhülle dich mit meiner Liebe und schenke dir die Gewissheit, dass immer ein Licht für dich leuchtet. Die Erfahrungen, die du machst, sind wichtig, auch wenn du manchmal daran zweifelst. Öffne dein Herz für die Liebe und den Frieden. Erlaube dir, nach einer Zeit der Traurigkeit wieder in das Licht zu treten. Die Sonne scheint für dich – immer. Selbst wenn sie manchmal hinter den Wolken verborgen ist. Die Liebe der Welt ist immer für dich da. Ich mache sie für dich fühlbar.

Was auch immer das Leben dir schenkt, ist wichtig für dich, sonst käme es nicht zu dir. Manchmal fühlen sich die Erfahrungen schön, manchmal ungerecht an. Es gibt Dinge, die du liebst und Dinge, die du gern von dir weisen möchtest. Wie es auf dich wirkt, liegt stets an deiner Sichtweise – und an deinen eigenen Gefühlen. Du hast alles Recht der Welt, manchmal wütend, traurig und frustriert zu sein, denn auch diese Gefühle gehören zu den Erfahrungen auf dieser Erde dazu. Wichtig ist einzig, dass du nach einer kurzen Phase der Unzufriedenheit wieder zurück auf deinen Ursprungsweg kommst. Auf deinen goldenen Pfad des Friedens und der Erkenntnis, dass ein kurzer Sprung in die Welt der Schatten dir das Licht der Sonne umso deutlicher macht.

Ich bin da, um dir das Licht zu zeigen, um dich fühlen zu lassen, dass ich tröstend um dich bin. Rufe mich, wenn du Nähe und Vertrauen brauchst. Wenn du reden willst, lausche ich dir. Wenn du Antworten brauchst, schenke ich dir wertvolle Impulse dafür. Du findest mich immer, denn ich lasse dich nicht allein.

Weiche Wellen sanfter Energie fließen in dein Herz, wenn du es für den Trost öffnest. Dein Körper darf sich beruhigen. Dein

Geist lenkt die Gedanken in neue, leuchtende Bahnen. Das Vergangene darf zurückbleiben, während du deine Augen auf das neue Ziel ausrichtest: die Wunder der Welt zu erfahren.

Jetzt kannst du viel Gutes für dich tun. Du kannst in dich hineinfühlen, was dir wirklich wichtig ist. Was brauchst du jetzt am meisten? Was kannst du dir selbst schenken, um wieder ein Lächeln auf deine Lippen zu zaubern?
Unternimm zusammen mit mir etwas, was dich wirklich glücklich macht. Einen kleinen Ausflug machen, schöne Musik hören, eine Meditation machen oder einfach nur die Wolken beobachten. Lachen, tanzen, singen, malen ... es gibt so viel Schönes, was dich wieder die Sonnenseite des Lebens erkennen lässt.

Lasse dich von meinem liebevollen Trost umspülen, und genieße meine Aufmerksamkeit für dich. Ich bin an deiner Seite, um das Glück zurückzubringen. Wann immer du es brauchst.

Die Glücksliste – für alle Fälle
Eine Übung zur Neuausrichtung

Nimm dir Stift und Papier, und notiere dir, was du am allerliebsten machst und am meisten magst. Schreibe alles auf, was dir einfällt, ohne es zu bewerten.
Mache dir eine Liste von Dingen, die dir Freude bereiten.

Wenn du alles aufgeschrieben hast, sortiere deine Ideen.
Was am einfachsten ist, kommt nach oben, was mehr Vorbereitung braucht, ans Ende. Schreibe alles noch einmal auf ein schönes Blatt Papier. Du kannst es von Hand in deiner schönsten

Schrift schreiben und dann bemalen oder am Computer gestalten, sodass du allein schon vom Anblick der Liste glücklich wirst.

Diese »Glücksliste« hängst du sichtbar an eine Stelle, an der du dich am meisten aufhältst. Wann immer du ein emotionales Tief hast, kannst du dir etwas aussuchen, was dich schnell und auf Dauer wieder auf die Sonnenseite des Lebens bringt.

Eine solche Liste ist sehr hilfreich, damit du nur einen kurzen Ausflug in den Schatten machen musst, um gleich danach wieder voller Freude zu sein. Je öfter du dies gemacht hast, desto leichter fällt es dir. Auch Glück kannst du »trainieren«.

Ventraia –
Sprung ins Vertrauen

»Nun ist all dein Mut gefragt. Es ist Zeit für neue Wege – Zeit für einen Neubeginn. Ich bin bei dir, um dir Energie zu geben, damit du deinen Sprung in eine neue Phase deines Lebens mit Freude und Kraft machen kannst.«

Die Botschaft

Du weißt, dass es Zeit ist. Du spürst es schon eine ganze Weile. Es hat sich angekündigt mit vielen kleinen und einigen großen Signalen. Du fühlst es tief in dir. Verstecke dich nicht länger. Du hast so viel Kraft in dir. Du kannst mutig und tapfer sein, denn es geht um das Glück deines Lebens. Es geht um deine Freude, deine Leichtigkeit und die Erfüllung deiner Wünsche. Traue dich. Der Sprung ist nur ein Symbol für eine innere Entscheidung. Ich helfe dir dabei, die richtige Entscheidung zu treffen, damit du fortan deine wahre Freiheit genießen kannst. Vertraue dir selbst und dem Leben, vertraue darauf, dass du es verdient hast, diesen neuen Weg zu gehen. Das Universum schenkt dir alle Energie, die du dafür brauchst.

Vertrauen beginnt tief in deinem Herzen mit der Gewissheit, dass du nicht allein bist. Vertrauen hat etwas mit dem Glauben an dich selbst zu tun – dem Glauben, dass du ein wertvoller Mensch bist, der es verdient hat, glücklich zu sein. Aus Glauben kann mit der Zeit Gewissheit werden. Eine Gewissheit, die dich mit jedem Tag mutiger macht und dir die Kraft gibt, endlich deine Träume zu verwirklichen. Worauf wartest du noch? Du bist der wichtigste Mensch in deinem Leben. Es ist niemandem damit gedient, dass du hinter allen anderen zurückstehst. Es gibt immer Möglichkeiten, alle Entscheidungen auch zum Wohl aller Beteiligten zu treffen.

Fühle deinen Weg und deinen Seelenplan. Gib dich dem Leben hin, das du einst gewählt hast. Sei dir bewusst, dass du bestimmte Erfahrungen auf dieser Erde machen wolltest, die dir jetzt noch verborgen sind. Fasse den Mut, deinem inneren Stern zu folgen, der dich selbst in dunkler Nacht begleitet und dir Licht ist in der Finsternis.

Ich bin bei dir, um dir die Kraft zu geben, deinen Träumen zu folgen. Ich zeige dir, wie du voller Vertrauen den Sprung auf eine neue Ebene des Lebens meistern kannst.

Deine neue Welt
Eine Meditation

Nimm dir Zeit, und finde einen Raum, in dem du in Stille und Entspannung sein kannst.

Mache es dir bequem. Atme tief ein und aus, bis du merkst, dass du mehr und mehr zur Ruhe kommst.

Schließe die Augen, und fühle dich – von Kopf bis Fuß, von innen und außen. Wenn du dich wirklich spüren kannst, fühle dich inmitten deiner jetzigen Situation. Betrachte dich inmitten deiner Welt, als würdest du von außen auf eine dreidimensionale Filmszene blicken. Sieh die Menschen um dich herum, deine täglichen Aufgaben und deine Reaktionen auf die Ereignisse. Wie fühlst du dich in dieser Situation? Wie siehst du aus? Wie verhältst du dich? Betrachte und fühle dich selbst in deinem aktuellen Leben mit all deinen Sinnen.

Nun frage dich: Gibt es etwas, das ich verändern möchte?

Du bist nun Regisseur/in deines Lebens. Du kannst alle Personen mit neuen Anweisungen und Drehbüchern versorgen. Du kannst den Schauplatz wechseln, kannst alles verändern, was du magst. Du kannst eine vollkommen neue Szene voller Licht, Liebe, Schönheit und Zufriedenheit entwickeln.

Du hast immer Unterstützung bei deinem neuen Vorhaben: Lade alle Einhörner ein, die Szene mit Energie zu erfüllen. Wir schenken dir die Weisheit, alles zu deinem Besten zu gestalten. Wir können deine Assistenten sein, die deine Wünsche mit Leben erfüllen. Doch du musst die Anweisungen geben.

Du hast auch bisher die Drehbücher geschrieben. Allerdings geschah es meistens unbewusst. Wenn du jetzt ganz bewusst neu entscheidest, können sich das Leben und alle Akteure nach deinem Plan richten.

Sei dir bewusst, dass du auch die Menschen und Situationen eingeladen hast, die dir weniger gut gefallen haben. Du hast das Drehbuch für jede Szene geschrieben. Deshalb kannst du jetzt die Zeit nutzen, um eine neue Idee für die kommende Zeit zu entwickeln.

Du kannst dir deine neuen Anweisungen am besten aufschreiben, denn dann bekommen sie eine zusätzliche Kraft.

Alles was du dir wünschst, hat eine Konsequenz. Veränderungen bewegen sehr viel. Sie können Ballast entfernen und Platz für neue, frische Energie schaffen. Du kannst hinter dir lassen, was dir keine Freude mehr macht, und in eine neue Welt voller Entspannung und neuer Erfahrungen eintreten. Alles ist möglich, wenn du daran glauben und dir selbst vertrauen kannst. Wunder geschehen, wenn du dem Leben und der Schöpferkraft, die dich einst erschaffen hat, vertrauen kannst.

Ich bin immer bei dir, um dich in deinen neuen Vorhaben zu unterstützen. Mit meiner Hilfe kannst du aus Träumen Realität werden lassen. Du bist auf der Erde, um mit vollem Bewusstsein ein Leben zu erschaffen, das deinen inneren Wünschen entspricht. Spüre die Schöpferkraft, die in dir wirkt – und dann springe voller Vertrauen hinein in ein Leben voller Glück!

Lilimonija –
Einhorn der weisen Weiblichkeit und Schönheit

»Finde in dir den Teil, der weise ist. Deine Weiblichkeit ist ein wichtiger Teil von dir. Sei stolz auf das, was du bist, und lebe deine Schönheit und Weisheit. Dann wirst du strahlen wie der hellste Stern.«

Die Botschaft

Schaue zu den Sternen. Du bist Teil dieses großartigen, unendlichen Universums. Fühle die Kraft und den Segen dieser Weite. Du bist ein schönes Kind der Sonne, die einer von vielen Sternen dieser Galaxie ist. Du bist auf Erden ein Stern, der leuchten will – jeden Tag. Lasse dein Licht leuchten, dann bist du ein Segen für die Welt und alles, was existiert!

Fühle dein Weiblichkeit – ob du Mann bist oder Frau. Einst wurden die weisen Frauen geschätzt und geehrt, denn in der Weiblichkeit liegt die Tiefe der Seele. Sie ist behütend, bewahrend und umsorgend. Sie weiß um den Segen der Gefühle. Die Weiblichkeit ist der hellste Stern auf Erden, dessen Licht von der kraftvollen, machtvollen Männlichkeit verehrt und beschützt wird. Leuchtet zusammen, damit wieder Frieden sein kann auf der Welt.

Ein Blick zu den Sternen zeigt dir, wo dein Ursprung liegt. Einst kam das Bewusstsein auf diese Welt, um keimendes Leben zu erwecken. Aus einfachen Zellen wurden über Jahrmillionen duale Zellen, die Männlichkeit und die Weiblichkeit wurden geboren – die perfekte Basis für eine Welt der menschlichen Dualität. Als du dich entschieden hast, auf dieser Erde das Spiel des Lebens zu spielen, begann auch für dich wieder ein neuer Zyklus aus Licht und Schatten. Du hast dich für ein Geschlecht entschieden, konntest Mann oder Frau werden. Nach außen hast du eine der beiden Formen gewählt, doch innen trägst du beides in dir, denn du bist geboren aus beidem.

Eine große Kunst in deiner Zeit ist, in allem die Einheit zu erwecken. Ich bin hier, um dich daran zu erinnern, dass du immer ein perfektes, weises und mit allem verbundenes Wesen bist.

Niemals brauchst du einen anderen, um ganz zu sein. Denn du bist es schon und warst es immer.

Alles im Universum und besonders auf dieser Erde ist perfekt, wenn du es ohne Wertung betrachtest. Alles hat einen Sinn und eine große Schönheit in sich – so wie du.

Ich bin hier bei dir, um dich zu erinnern, dass du eine wundervolle Seele in dir trägst, die ewig mit den Sternen verbunden ist. Sie sind das Symbol für alles, was existiert – in dir und um dich herum. Das Funkeln der Sterne in der Nacht ruft Sehnsucht hervor. Sehnsucht nach Weite, nach dem Glück in der Ferne, nach der Liebe der Schöpferquelle, aus der du kommst. Das Licht in dir sieht das Licht der Sterne und erkennt den wichtigsten Grund, warum du in dieser besonderen Zeit geboren wurdest: damit du ein leuchtender Stern auf diesem Planeten wirst. Du wolltest hierher, denn du trägst das ganze Universum in dir. Die Einheit mit allem kannst du überall fühlen, denn sie beginnt in dir. Sei dir deiner Macht, Schönheit und Kraft bewusst, mit der du auf die Erde gekommen bist. Hierhin wolltest du, hier wolltest du sein und leben.

Lange genug hat die Erde in Dunkelheit existiert. Lange genug hat die Menschheit das Spiel des Schattens zelebriert. Nun kommt das Zeitalter des Lichtes.

Die Balance zwischen Männlichkeit und Weiblichkeit ist Teil dieses Lichtes. Beides ist wichtig, denn beides trägt den Keim des Lebens in sich, der nur gemeinsam zu einem neuen Wesen werden kann. Beides hält die Stabilität aufrecht, die es auf der Erde braucht, damit das Licht leuchten kann. Und beides ist in dir.

Finde in dir die Balance, indem du deine Sensibilität entdeckst, indem du dich in jeder Zelle fühlst, indem du erkennst, wer du wirklich bist.

Du hast ein Geschlecht gewählt, um dessen Stärken und Schwächen zu erproben. Und um die Balance zu finden zwischen dem, was du nach außen zeigst und innen lebst.

Weiblichkeit ist weich, zärtlich und milde. Sie ist gleichzeitig zahm, doch auch wild und temperamentvoll. Sie ist unberechenbar wie ein Sturm, der im nächsten Augenblick zu einer zarten Brise wird. Weiblichkeit ist die Hingabe, das Annehmen und Loslassen. Du bist schon jetzt ein weises, wissendes Wesen, selbst wenn du früher etwas anderes gelernt hast. Du hast alle Weisheit in dir, so wie du große Schönheit in dir trägst. Wenn du all deine Gefühle erkennst und lebst, wenn du voller Stolz und Würde bist und aufrecht durch dein Leben gehst, wirst du leuchten.

Fühle deine Weiblichkeit, und ehre sie. Sei der Stern, der auf der Welt voller Weisheit das Licht in anderen entzündet. Fühle die Balance in dir, die dir Kraft gibt auf deinem Weg. Du bist ein großartiges Geschöpf – geboren, um zu strahlen.

Sternensegen –
Familienglück

»Wir sind eins – Vater, Mutter und Kind. Wir sind
der Dreiklang, der auf Erden wirkt. Wir sind
Schöpfer und Geschöpf, Hüter, Beschützer,
Lehrer und Schüler zugleich. Auch du bist ein
Teil eines solchen Dreiklangs. Erinnere dich.«

Die Botschaft

Wir sind diejenigen, die dir zeigen, dass du auf Erden immer Teil einer Familie bist, denn dies ist die einzige Möglichkeit, zu inkarnieren. Als Seele kannst du nur auf die Erde kommen indem du geboren wirst – erschaffen aus einem Vater und einer Mutter. Dies ist eine Ehre und eine große Herausforderung zugleich. Die Menschheit steht auch in dieser Hinsicht vor einem Umbruch. Die Familie erfährt neue Strukturen. Du kannst dazu beitragen, indem du deinen Frieden mit deinen Eltern und dir selbst machst. Genieße die Kraft der Familie. Sie ist die Quelle deines Seins auf dieser Welt.

Eine neue Zeit bringt auch für die Einheit der Familie neue Herausforderungen und Chancen mit sich. Längst wird vielen Menschen bewusst, dass Erziehung selten mit dem Intellekt gelingt, sondern auf einer tiefen Form von Liebe gründet. Wird diese Liebe gelebt, können alle Familienmitglieder ihr persönliches Glück erfahren. Jeder unterstützt den anderen in seiner Entwicklung. Die Eltern lehren das Kind, und das Kind hilft ihnen als Spiegel, ihre eigenen Bedürfnisse stärker wahrzunehmen. Oft nehmen Kinder den Eltern Sorgen, Ängste und andere Lasten ab, was zu Krankheiten führt, die kaum nachvollziehbar sind. Je bewusster eine Familie für das Wohl jedes Einzelnen sorgt, desto gesünder und kraftvoller kann jeder in der Familie sein. Wenn die Eltern mit sich im Reinen sind, wenn sie einander wertschätzen, aufrichtig kommunizieren und Liebe leben, können die Kinder ausgeglichen und selbstbewusst heranwachsen.

Viele Kinder, die seit einigen Jahrzehnten geboren werden, kommen mit immer größerem Bewusstsein für die Einheit allen Seins auf diese Welt. Sie haben seitens der ganzheitlichen Wissenschaft schon viele unterschiedliche Bezeichnungen bekommen: Indigokinder, Sternenkinder, Kristallkinder etc.

Sie sind Boten der Neuen Zeit. Sie sind sehr stark verwoben mit den Energien des Lichtes und leiden oft unter der Dunkelheit der Erde. Das zeigt sich in Ruhelosigkeit, Angstzuständen, Unsicherheit, Aggression und Konzentrationsschwäche. Oft begegnen sie ihren Ängsten in der Nacht, was den Tag zur Strapaze macht, denn sie sind müde und aufgewühlt. Gerade diese Kinder, die von ihren Eltern und ihrer Umgebung als anstrengend und auffällig wahrgenommen werden, brauchen Schutz, Geborgenheit und Liebe. Wenn ein Kind ständig Angst vor unsichtbaren Gefahren hat, sehnt es sich besonders nach einem Ruheort, bedingungsloser Liebe und Verständnis.

Aus den ersten dieser Kinder der neuen Generation, die vor einigen Jahrzehnten geboren wurden, sind mittlerweile schon Eltern geworden. Viele sind sehr bewusst in ihrer Hingabe und Liebe. Sie können ihre Kinder aus dem Herzen heraus anleiten (statt sie in eine bestimmte, erwünschte Richtung zu er-ziehen, die gar nicht zum Kind passt) und für andere Eltern Vorbilder sein.

Jedes Kind hat ein eigenes, leuchtendes Potenzial. Es ist körperlich-genetisch eine Mischung von Mutter und Vater – in unterschiedlichen Anteilen –, doch der Seelenplan ist vollkommen eigenständig. Die Prägungen, Glaubenssätze und Ansichten der Eltern färben äußerst stark auf ein Kind ab, deshalb ist es so wichtig, dass Eltern vor der Zeugung eines Kindes wissen, wer sie sind und was sie vom Leben wollen. Je mehr Klarheit sie haben, desto ruhiger, selbstsicherer und friedlicher kann ein Kind sein.

Es wird in Zukunft immer mehr Familien geben, die ein ganz neues Verständnis für Erziehung und Schulung ihrer Kinder erschaffen. Das staatliche Schulsystem in den meisten Ländern dieser Welt ist längst überholt, denn es spricht ausschließlich den Intellekt an. Es gibt schon einige Ausnahmen, die hoffentlich bald zur Regel werden. Nicht mehr allein Wissen ist wichtig für Kinder (und spätere Erwachsene), sondern auch Ethik, Respekt, Liebe und sozialer Umgang mit allem, was auf dieser Erde existiert.

Alles verändert sich – und jede Veränderung braucht eine neue Generation von Menschen und Familien, die sie durchsetzen. Die Menschheit steht an der Schwelle zu einem Goldenen Zeitalter, in dem die Familie als Keimzelle allen menschlichen Lebens eine vollkommen neue Welt formen wird. Eine Welt aus Frieden, Liebe und Respekt, die jede Seele darin unterstützt, das eigene, höchste Potenzial zu entfalten.

Pitrenija und Findrahir – Liebe zwischen Mutter und Kind

»Mutterliebe ist das stärkste Band zwischen Menschen. Es wirkt, solange du lebendig bist. Lerne, es zu ehren, dann wirst du endlich bereit sein für wahre Liebe. Mutterliebe ist in ihrer Urform bedingungslos und rein.«

Die Botschaft

Du bist als irdisches Wesen geboren aus einem Vater und einer Mutter. Du bist immer mit beiden verbunden, doch nichts wirkt so tief und nachhaltig wie die Liebe und Energie der Mutter. Was auch immer in der Vergangenheit war, und was auch immer in der Zukunft geschehen wird – dieses Band wirkt auf dein Sein. Du kannst jetzt Frieden in diese Verbindung senken, denn ohne deine Mutter gäbe es dich nicht. Du hast ihr dein Leben zu verdanken. Dafür gebührt ihr Achtung und Ehre. Wenn du die Verbindung zwischen euch beiden heilst, wirst du von der vollkommenen Freiheit belohnt, die du endlich leben kannst. Wenn du loslässt was war, und offen bist für Wunder, kannst du vergeben. Alles im Universum hat einen Grund. Dies wird in der Verbindung von Mutter und Kind am stärksten spürbar. Sie war dein Anfang – gemeinsam mit deinem Vater. Mit ihrer Energie begleitet sie dich. Du kannst entscheiden, ob du die Liebe fühlen willst, die dich erschaffen hat. Dies bedeutet, die Weisheit der Liebe zu erfahren und immer zu erleben.

Ohne die Bereitschaft deiner Mutter, ob bewusst oder unbewusst gegeben, gäbe es dich nicht. Sie hat dir die Möglichkeit geschenkt, in deinen irdischen Körper zu gelangen. Sie hat sich bereit erklärt, ihren Körper mit dir zu teilen, bis du stark genug warst, das Licht der Welt zu erblicken. Was auch immer sie fühlte, hast auch du gefühlt.

Ihre Liebe war es, die dich genährt hat – egal, was du im Augenblick darüber denken magst. Kein Thema bewegt die Gefühle der Menschen so stark wie die Liebe der Mutter. Ist sie immer fühlbar gewesen für dich, bist du zu einem kraftvollen, sicheren Geschöpf herangewachsen. War sie abwesend für dich, hast du die Dualität und das Getrenntsein noch intensiver erfahren, als es sonst möglich gewesen wäre. Was für Gefühle auch immer für dich mit deiner Mutter verbunden sind – sie sind Teil der irdischen Illusion. Je bewusster du wirst, desto besser kannst du diese Illusion durchschauen und deinen Frieden finden.

Deine Mutter ist deine erste Göttin, so wie dein Vater dein erster Gott ist. Ihr Wort ist dein Gesetz, damit du überleben kannst. Deine Eltern dienen dir, damit du deine ganz besonderen Regeln lernst, die dein Seelenplan verlangt. Du hast dir beide ausgesucht, um deine ganz besonderen Erfahrungen auf dieser Erde zu machen (siehe »Sternensegen«).

Deine Mutter ist so eng mit dir verwoben, dass du immer ein Teil von ihr sein wirst – und sie von dir. Also ist es besser, mit diesem Anteil Frieden zu schließen.

Nutze die Zeit, die nun kommt, um dich für einen Moment, einen Tag oder einen ausgiebigen Zeitraum hineinfallen zu lassen in das Gefühl von Geborgenheit, Zärtlichkeit und Mutterliebe. Dies ist ein unvorstellbarer Brunnen an Energie, die dich durch Phasen der Veränderung, über die Ebenen deiner Entwicklung und durch die Herausforderungen des Lebens tragen kann.

An die Mütter

Wenn du selbst Mutter bist, spüre die Verbindung zu deinen Kindern. Kannst du ihnen Geborgenheit und bedingungslose Liebe schenken? Kannst du sie so annehmen, wie sie sein wollen? Sie spiegeln all deine Ängste, deine Gaben und Träume. Sie sind deine großen Lehrer, so wie du in jedem Moment ihre Schöpferin bist und bleibst.

Wenn du dich selbst lieben und annehmen kannst, wenn du glücklich bist, werden sie es sofort spüren – und sich entspannen. Egal, wo sie gerade sind. Dieses Herzensband zwischen euch ist immer existent. Du bist der Mittelpunkt jedes Kindes, das du geboren hast. Du bist es, die sie stolz machen möchten und deren Aufmerksamkeit Balsam für ihre Seelen ist. Jedes Kind hat in sich die Gewissheit, was es braucht, um sich wohlzufühlen. Beobachte und lausche, mit all deinen Sinnen. Denn wenn du entdeckst, was deinem Kind guttut, wirst du auch entdecken, was DU brauchst, um glücklich zu sein.

Je zufriedener und entspannter du selbst bist, desto besser geht es deinem Kind.

Du bist der Mittelpunkt – sei dir dessen immer bewusst.

Für all jene, die sich die Liebe ihrer Mutter wünschen

Es ist leicht, anderen Menschen die Schuld am eigenen Unglück zu geben. Selten werfen Menschen den Blick auf sich selbst und in ihr Innerstes, um den wahren Grund für die Ereignisse herauszufinden. Die Zeiten ändern sich. Der Begriff »Schuld« hat ausgedient, denn er ist eine Illusion, die sehr lange bewusst aufrechterhalten wurde, um die Menschen blind für ihre eigene Kraft zu machen.

Wenn du das Wort »Schuld« aus deinen Gedanken und deiner Rede streichst, wirst du schnell merken, dass es immer nur Ursachen und Gründe gibt. Sie lassen sich umso mehr entdecken, je bewusster und achtsamer du mit dir und deinem Leben umgehst.

In dem Moment, in dem du dich von der Schuld im weitesten Sinne befreist, kannst du auch deine Mutter in einem neuen

Licht sehen. Sie ist deine Meisterin, deine Lehrerin und zugleich deine wichtigste Schülerin. Ihr wachst mit jedem Tag, den ihr gemeinsam verbringt, aneinander. Seid ihr getrennt, so verändert dies kaum etwas daran, dass ihr über die Schwingung eurer Seelen verbunden seid.

Was auch immer geschehen ist – heute kannst du deine Gefühle zu deiner Mutter verändern. Trenne sie von Schuld, Angst und Zorn. Trenne dich von der Vergangenheit, die dir gedient hat, damit du wachsen kannst. Heute bist du stark und frei. Heute kannst du neu entscheiden, ob du deine Mutter – die Quelle deines Lebens und dein irdischer Ursprung – annehmen oder ablehnen möchtest.

Ausschlaggebend ist nur dein eigenes Gefühl. Ein neuer Gedanke kann genügen, um dich in eine neue Schwingung von Liebe zu versetzen. Allein das Festhalten von Altem hindert dich daran, die Liebe zu deiner Mutter zu spüren, die immer in dir ist.

Du wünschst dir ein erfülltes, glückliches Leben voller Liebe, eine schöne Beziehung und inneren Frieden? Dann heile die Liebe zu deiner Mutter – und alles wird sich verändern.

Heilung der Mutterliebe
Eine Meditation

Spüre an einem friedlichen Ort in der Stille tief in dich hinein. Entspanne dich, so gut du kannst. Lasse die Gedanken an dir vorüberziehen. Lasse sie davontreiben, damit sich auch dein Geist beruhigen und klären kann. Fühle deinen Herzschlag, der kraftvoll und gleichmäßig ist. Du bist in Sicherheit.

Atme tief in deinen Bauch. Fühle in dir den Ort, an dem du mit deiner Mutterliebe verbunden bist. Stelle dir diesen Ort als einen schönen Raum vor, in dem du dich wohl und sicher fühlen kannst. Gestalte dir mit deiner Fantasie diesen Raum so, dass er behaglich und gemütlich ist. Wenn es dir richtig gut geht an diesem Ort, rufe dein persönliches Einhorn als Begleitung und Schutz. Lade es ein, dich in dieser Meditation zu begleiten. In deinem inneren Raum gibt es Platz genug. Seine ganze Liebe und Kraft steht dir zur Verfügung. Atme weiter tief und bewusst ein und aus, damit du deinen Körper fühlen kannst.

Nun lade ganz entspannt deine Mutter ein, dich in deinem inneren Raum zu besuchen. Stelle sie dir in ihrer schönsten Gestalt vor. Sie lächelt und ist glücklich, dich besuchen zu dürfen, denn sie weiß, dass die Zeit der Heilung gekommen ist.

In deinem Raum darfst du entscheiden, wie ihr euch verhaltet. Möchtest du dich neben sie setzen oder gar auf ihren Schoß, wie du es vielleicht schon als kleines Kind machen wolltest? Brauchst du Abstand, um dich vorsichtig anzunähern?

Deine Mutter ist – genau wie du – eine göttliche, lichtvolle Seele. Ihr habt euch einst, lange vor eurer Geburt, verabredet, um miteinander euren Seelenplan zu erfüllen.

Was auch immer in den vergangenen Jahren zwischen euch vorgefallen ist – lasse es nun hinter dir. Begegne der Seele deiner Mutter. Begegne ihrem Licht und der Liebe, aus der sie einst – wie du – entstanden ist und besteht. Begegne ihr von Herz zu Herz.

Du entscheidest

Was auch immer für dich heilsam und wichtig ist, erlaube es dir jetzt. Niemand richtet dich für das, was du in deinem Inneren tust. Sprich mit deiner Mutter, nimm sie in die Arme, lasse dich streicheln, und fühle dich geborgen – was auch immer du brauchst, kannst du dir jetzt schenken lassen.

Alles, was du tust, kann große, heilsame Auswirkungen auf dein Leben und das Verhältnis zu deiner Mutter haben. Bleibe so lange in deinem Raum, wie es dir guttut. Erlaube dir, dich dort mit dem Gefühl von Geborgenheit und Frieden aufzutanken.

Die Begegnung mit der wahren, ursprünglichen Liebe deiner Mutter ist eine heilige Zeit. Genieße sie.

Kondrambar –
Hüter des Lebensweges

»Siehst du deinen Lebensweg vor dir? Ich leite dich aus dem Nebel des Zweifelns und der Ohnmacht – hinein in eine Welt, die den Zauber der Liebe in sich trägt. Ich zeige dir, wohin dich dein Weg wirklich führt.«

Die Botschaft

Du stehst an einem Scheideweg – immer wieder, jeden Tag. Das ganze Leben auf der Erde ist ein Prozess von Entscheidungen. Du trennst/scheidest das eine vom anderen. Dabei kannst du vielen Chancen folgen. Oder du folgst der Meinung anderer. Es gibt sehr viele Möglichkeiten, wirklich gute Entscheidungen für dich selbst zu treffen: Du kannst dich selbst jeden Tag besser kennenlernen, kannst deine Intuition stärken und dein Vertrauen in dich selbst nähren. Dann verschwindet der Nebel und zeigt dir den goldenen Pfad, auf dem ich dich voller Liebe leiten kann. Ich warte auf dich im Nebel, um dir zu helfen. Vertraue der göttlichen Gabe in dir, mich zu finden.

Viele Menschen haben ihren natürlichen Instinkt vergessen. Sie spüren den Ruf der Natur und die wahre Energie der Liebe nicht mehr. Dabei ist alles in euch angelegt, was es braucht, um den wichtigen Rhythmen zu folgen – euren inneren Rhythmen. Jeder von euch hat eine Aufgabe – so wie jedes Tier, jede Pflanze, jedes Insekt, jeder Stein und alles Wasser dieser Welt.

Diese Aufgabe dient allem Leben auf der Erde. Es kann eine kleine, feine Aufgabe sein, die unendlich wichtig ist, oder eine große, gewaltige Aufgabe, die viel bewegt. Doch sie ist immer da und wird euch immer auf eurem Lebensweg leiten. Es war stets ein natürlicher Prozess, dass ein Mensch seine Aufgabe spürt und ihr folgt – so lange, bis Gesetze und Regeln die Natur verbogen haben, die seitdem nur noch still in euch schlummert.

Ich möchte dir nun helfen, deine wahre Natur und Aufgabe zu erkennen, damit du deinen goldenen Pfad unter deinen Füßen und die echte, pure Liebe des Universums spürst. Dein Lebenspfad ist immer da, doch oft liegt er im Nebel.

Jetzt ist es wichtig, ihn zu erkennen.

Aus dem Nebel in die Wahrheit
Eine erhellende Übung

Nimm dir Zeit und Ruhe. Schaffe dir einen Raum, in dem es dir gut geht und du dich selbst fühlen kannst. Nimm dein Lebensbuch zur Hand und lasse Antworten auf folgende Fragen fließen:
Wer bin ich?
Was liebe ich am meisten?
Was mag ich am wenigsten?
Wo fühle ich mich besonders wohl?
Was macht mich glücklich?
Was ist im Moment mein größtes Lebensziel?
Worauf bin ich wirklich stolz?

Beantworte die Fragen in aller Ruhe. Die Reihenfolge ist nicht wichtig. Lasse die Worte emporsprudeln aus deiner inneren Quelle. Es ist ein schönes Gefühl, die Quelle in dir zu spüren. Du bist lebendig! Was also ist deine Motivation zu leben? Du wirst es erkennen, wenn du die Fragen beantwortest.

Wiederhole dies, sooft du magst. Jede Antwort wird den Nebel, der über deinem goldenen Lebensweg liegt, dünner und durchsichtiger machen. Genieße die Bilder und Gefühle, die beim Schreiben entstehen. Es gibt kaum eine wichtigere Übung, um auf den Grund deiner selbst zu kommen.

Du bist der wichtigste Mensch in deinem Leben und kannst in kleinen und großen Dingen Großartiges erschaffen, wenn du deinen eigenen, wichtigen Weg gehst.

Es ist immer an dir, dich deinem Leben mutig zu stellen oder vor ihm davonzulaufen. Beides ist in Ordnung, denn auch hier triffst du eine Wahl. Ein menschlicher Lebensweg führt selten geradeaus. Anders als bei Tieren, die ihrem Instinkt voll vertrauen und auf direktem Wege durch ihr Leben wandern, habt ihr Menschen immer viele Ideen, wie ihr spannende Umwege machen könnt. Gerade in der Gegenwart – im Übergang in das neue Zeitalter – seid ihr umgeben von Thesen, Meinungen und Theorien, die euch von euch selbst ablenken können.

Dabei gibt es nur eine Stimme, der du folgen kannst: deine eigene. Um diese Stimme klar und deutlich – und laut genug – zu machen, hast du sehr viele Möglichkeiten. Wir Einhörner sind endlich wieder in euer Bewusstsein gekommen, um euch auf euch selbst aufmerksam zu machen. Wie viele andere Lichtwesen auch, die auf der Erde wandeln, um das Bewusstsein in allem wiederzuerwecken.

Meine Aufgabe ist es, dir deinen Weg zu zeigen. Mit ihm beginnt und endet alles, bis es wieder neu beginnt.

Als du einst geboren wurdest, hattest du deinen Weg als einen göttlichen, klaren Plan mitgebracht. Er wohnt in deinem Herzen und wird dich immer rufen. Ich helfe dir, ihn zu hören und zu erkennen.

Der Ruf des Herzens
Eine Reise zur Landkarte deines Lebens

Bevor du diese Reise machst, solltest du zumindest einmal meine Fragen beantworten, die ich dir anfangs gestellt habe. Dann bist du gut vorbereitet.

Lies dir erst meine Worte durch, bevor du dich in ihre Energie fallen lässt:

Schließe deine Augen.

Fühle tief in deinen Körper hinein. Nimm dich mit allem wahr, was du bist. Spüre deine Gedanken, deinen Atem, deinen Herzschlag. Spüre die Erde und den Himmel. Nun fühle achtsam und liebevoll in den Raum deines Herzens. Stelle ihn dir so deutlich wie möglich vor. Du kennst ihn. Erinnere dich.

Im Raum deines Herzens hängt eine Landkarte. Sie ist sehr klar und präzise gestaltet. Auf ihr findest du jede Station deines Lebens, jeden Menschen, dem du begegnest und jedes Abenteuer, das du bestehst.

Nimm dir Zeit, diese Landkarte zu studieren. Ich bin bei dir mit meiner Energie. Du kannst gern auch deine anderen Beschützer und Begleiter einladen, dir zu helfen – Schutzengel, Krafttier oder andere Wesenheiten. Je mehr Energie du einsetzt, um deine innere Landkarte zu studieren, desto klarer bist du in deinem Alltag.

Schaue genau hin. Wo liegen deine Ziele und Träume auf deinem Lebensweg? Was ist als Nächstes an der Reihe? Was kannst du erkennen?

Wenn du deine Lebenskarte betrachtest, wirst du auch die Gründe für die Umwege oder Sackgassen erkennen, die du möglicherweise schon erlebt hast. Wenn du in die Vergangenheit blickst, bleibe nicht dort verhaftet. Genieße das Jetzt und freue dich auf die Zukunft. Wahrlich fühlen kannst du nur den einen Augenblick, in dem du jetzt bist. Alles andere hängt von deinen Wünschen, deinem Mut und deinem Wollen ab.

Ich helfe dir sehr gern, wenn du Entscheidungen für deine glückliche Zukunft treffen möchtest. Du kannst mich jederzeit rufen und dich mit mir über deinen Lebensweg unterhalten. Ich freue mich darauf!

Kehre in den Herzensraum und zu deiner Landkarte zurück, sooft du magst. Es kann dich gut darin unterstützen, Klarheit für dein Leben zu finden.

Andrama und Schneeflocke –
Kraft der Nacht
und des Unbewussten

»In der Tiefe der Nacht liegt die Macht deines
Unbewussten – schlafend und doch lenkend.
Du kannst die Führung über dein Leben über-
nehmen, wenn du diese Macht sinnvoll nutzt.«

Die Botschaft

Deine Dramen, die dich immer wieder einholen und unbewusst dein Leben lenken, können Frieden finden. Wende dich ihnen liebevoll zu, statt vor ihnen wegzulaufen. Wir sind nun bei dir, um dich darin zu unterstützen, neues Vertrauen in dein Leben zu gewinnen. Du bist nicht allein. Wann immer du dir selbst am meisten im Wege stehst, rufe uns. Gemeinsam umarmen wir den Teil von dir, der traurig ist und Aufmerksamkeit braucht. Ein Drama ist eine Erinnerung, die Liebe und Energie braucht. Schenkst du sie ihr, findest du Frieden.

Die Kraft der Erde ist tief und gewaltig. Sie scheint zu schlummern, denn sie ist für die Augen und Herzen der Menschen nahezu unsichtbar geworden. Doch tief im Inneren des Planeten wohnt eine Macht, die auch in jedem Menschen schläft. Ihr habt es bloß vergessen.

Das Unbewusste hat eine starke Wirkung auf dein Leben. Du hast viel angesammelt im Laufe der Zeit. Abgespeichert in deinem Gehirn und deinen Körperzellen warten viele Impulse darauf, gesehen zu werden. Manche Erfahrungen waren so beeindruckend, dass du sie nicht vollkommen verarbeiten konntest. Somit wurden sie in deinem Unterbewusstsein verborgen. Doch sie sind nicht vergessen. Sie warten darauf, dass du dich ihnen mit Achtsamkeit und Aufmerksamkeit widmest.

Du erlebst viele dieser alten Erfahrungen in deinen Träumen während deiner Tiefschlafphase. Es ist so wichtig, dass du träumst, denn dadurch erleichterst du es deinem inneren Speicher, sich neu zu sortieren und Altes zu beseitigen oder zu bereinigen.

Sind die Erfahrungen sehr schmerzhaft gewesen, können daraus manchmal Albträume und Dramaschleifen werden. Du bist ein sehr empfindsames, zartes Wesen. Besonders als Kind bist du voller Liebe und Freude in dieses Leben gekommen. Jedes Erlebnis, das dieses Glück gestört hat, prägt dich. Und manches wird zu einem Drama, das du automatisch – unbewusst – immer aufs Neue wiederholst.

Es ist menschlich. Es gehört zu der großen, bunten Palette des irdischen Daseins als Mensch dazu. Deine Seele ist auf der Erde, um Erfahrungen zu sammeln. Das war einst die Grundmotivation, warum du hierher gekommen bist. Die Muster deines Lebens hast du aus freiem Willen selbst gewählt. Ein Drama ist nur ein Teil dieses Musters.

Doch du bist diesen Dramen nicht hilflos ausgeliefert. Im Gegenteil: Du bist weitaus machtvoller, als du vielleicht im Moment wahrnehmen kannst.
  Wir sind für dich da, um dir in Liebe zu zeigen, wie du sinnvoll mit dir selbst und deinen wertvollen Erinnerungen umgehen kannst. Denn jedes Ereignis in deinem Leben ist wichtig gewesen – wie ein funkelnder, glitzernder Edelstein in der Schatztruhe deines Lebens. Auch eine Dramaschleife möchte dir nur zeigen, wie du noch kraftvoller mit deinem Leben umgehen kannst.

Begegne deinem Drama
Eine machtvolle Übung

Finde einen Moment, in dem du dich entspannt dir selbst widmen kannst. Je kraftvoller und klarer du bist, desto besser kommst du deinem Drama auf die Spur. Wir sind bei dir. Wir schenken dir jetzt ganz viel Energie, Liebe und Klarheit, damit du dich selbst wieder ein bisschen besser kennenlernst. Atme tief ein und aus. Fühle die Kraft, die in dir steckt. Du hast die Macht, dein Leben grundlegend zu verändern und zu verbessern.

Nimm dir Zeit, und mache es dir richtig gemütlich. Nimm Stift und Papier oder dein Lebensbuch zur Hand. Die Reise kann beginnen:

Ein Drama erkennst du daran, dass du in einer scheinbar »normalen« Situation plötzlich angespannt und irrational reagierst. Es kann ein bestimmtes Wort, ein Satz oder eine Geste sein, die dich von einem Moment auf den anderen eiskalt erwischt. Du kannst nicht mehr klar denken, fühlst dich hilflos oder wirst grundlos aggressiv. Der Boden tut sich auf. Du möchtest am liebsten weglaufen, weil du dich angegriffen fühlst.

Das Gegenüber, das diese Reaktion ausgelöst hat, ist meistens völlig perplex. Und oft genug löst ein Drama dann ein anderes aus. Kennst du eine solche Situation bei dir? Dann schreibe sie nun auf. Fühle hinein, was der Auslöser für das Drama, die Eskalation war.

> Du bist in Sicherheit. Jetzt und hier kann dir gar nichts geschehen. Du kannst ganz entspannt nachforschen. Es ist so segensreich, den Mechanismus hinter einem Drama zu verstehen.

Nun überlege in Ruhe, ob du eine ähnliche Situation einmal in deiner Vergangenheit erlebt hast. Stelle dir vor, du würdest dein Leben wie eine Landkarte von oben betrachten. Dein Lebensweg zieht sich von deiner Zeugung bis heute schlängelnd über diese Landkarte. Wo auf diesem Lebensweg ist dir dein Drama schon einmal begegnet? Finde die Spur.

Wenn du dich erinnerst, schreibe auf, was damals geschehen ist. Du kannst es in kurzen Sätzen oder als ganze Geschichte notieren. Es muss nicht alles in einer »Sitzung« geschehen. Nimm dir so viel Zeit, wie du brauchst. Jeder Moment ist kostbar, den du deiner Selbsterforschung widmest.

Die Muster, aus denen deine Lebensenergie gewebt ist, sind wichtig. Wenn du sie erkennst, gewinnst du Stück für Stück die wahre Macht der Schöpferkraft zurück, die du schon immer in dir getragen hast. Wenn du die Muster erkennst, die im Laufe deines Lebens entstanden sind, wächst du über dich selbst hinaus. Du lernst, ein Drama schon in seinen ersten Ansätzen zu bemerken. Was für ein Segen.

Du ersparst dir und deinem jeweiligen »Mitspieler« große Anstrengungen. Ein Drama verbraucht sehr viel Energie. Diese kannst du bestimmt anderweitig sinnvoller einsetzen.

Wenn du entspannt deine Dramen erforschst, kommst du früher oder später an deren Ursprung. Nutze die Energie, die wir dir zur Verfügung stellen, um in Frieden hinzuschauen. Was ist beim ersten Mal geschehen, als du einen energetischen Anker gesetzt hast? Dieser Anker ist eine mehr oder weniger starke Schockreaktion gewesen, der du dich hilflos ausgeliefert gefühlt hast.

Wichtig: Wenn du merkst, dass die Erinnerung zu schmerzhaft ist, lasse dich bitte von einem erfahrenen Therapeuten oder einer Therapeutin unterstützen. Es ist sinnvoll, sich kompetent durch diesen Prozess führen zu lassen. Du musst nicht alles ganz allein durchstehen.

Wenn du dich kraftvoll genug fühlst, kannst du dir nun die Situation aus der Vergangenheit anschauen, als würdest du einen

Film sehen. Du bist jetzt Regisseur/in. Du drehst nun den Film neu. Gib den Schauspielern neue Texte, neue Drehbücher. Wie hätte die Situation damals im besten Fall für dich aussehen können? Wo hättest du mehr Respekt, mehr Liebe gebraucht?

Hole dir das, was du brauchst. Schreibe es in dein neues Drehbuch – und dein Lebensbuch – hinein, und gib es dir und deinem Mitspieler in der Vergangenheit.

Wenn dir die Szene, die neu gespielt wird, dann richtig gut gefällt, nimm dich in Gedanken selbst in die Arme, und schenke dir selbst die Liebe, die du damals gebraucht hättest. Danke auch deinem Mitspieler oder deiner Mitspielerin, der oder die dich in diesem Prozess angeleitet hat. Er oder sie war wichtig für dich. Dank dieses Dramas hast du die Erfahrungen gemacht, die deine Seele bis heute machen wollte.

> Denke immer daran: Das Lebensmuster eines jeden Menschen wird gewebt aus den allerersten Erfahrungen. Diese hast auch du gebraucht, um zu diesem ganz besonderen Menschen zu werden, der du jetzt bist. Alles hatte einen wichtigen Grund, den du immer deutlicher erkennst, wenn du deine Dramen erforschst.

Spüre nach. Wie fühlt es sich nun an? Gibt es noch etwas, das du brauchst? Wenn ja, nimm dir Zeit dafür. Vielleicht lässt du dich von einem lieben Menschen in die Arme nehmen und spürst dort, dass du in Sicherheit bist. Du kannst auch in den Spiegel schauen und diese unglaublich starke, erwachsene Person sehen, die schon längst aus den Kinderschuhen herausgewachsen ist. Heute bist du um so vieles stärker. Schenke dir selbst das Gefühl, dass du machtvoll und glücklich sein kannst. Es ist dein Recht, mit dem du auf dieser Erde zu jedem Zeitpunkt wandelst.

Sangrotir und Entranel –
Die Sonnenleuchtenden

»Sei endlich, wer du wirklich bist. Spüre die Kraft, spüre das Feuer! Die Sonne durchflutet dich mit ihrer Macht. Alles ist möglich. Glaube an dich, glaube an das Sichtbare und Unsichtbare – alles ist eins. Fühle die Liebe im Licht der Sonne, sei du selbst und stürme voran!«

Die Botschaft

Die Zeit ist reif, ganz du selbst zu sein. Nutze die Energie, die dich nun voller Power unterstützen möchte. In dir drängt es danach, die alten Masken abzuwerfen, die vielen Rollen abzulegen, die du dir ausgedacht hast, um zu überleben. In dir will alles endlich sagen: Das bin ich. Wir geben dir gern genug Kraft, damit du endlich herausfinden und zeigen kannst, was wirklich in dir steckt, damit du den Mut hast, zu dir und deinen Ideen vom Leben zu stehen. Es ist Zeit.

Immer wieder haben die Menschen im Laufe ihrer Entwicklung neue Ideen entwickelt, wie sich die Menschheit zu verhalten hat. Moral, Anstand, soziales Umfeld, Arbeit, Freizeit, Familie – alles wurde geformt und geplant. Jede Kultur zu jeder Zeit hatte ihre eigenen Ansichten, was gut oder schlecht, richtig oder falsch war. Dabei ging es selten um das Individuum, sondern immer um ein Dorf, eine Stadt oder ein ganzes Land.

Auch heute noch bestimmen wenige über viele. Selbst in eurer aufgeklärten Gesellschaft, die scheinbar dem Einzelnen entgegenkommen möchte, gibt es noch so viele Rollen, die jeder zu spielen hat – nach fremden Regeln.

Nun ist die große Zeit der Veränderung da. Die alten Regeln werden infrage gestellt. Himmel und Erde, die Schöpferquelle und all ihre Lichtwesen fordern nun die Menschheit auf, eine neue Dimension des Bewusstseins auf diesem Globus zu installieren. Dazu gehört vor allem, dass jeder Einzelne darüber nachdenkt, wer er/sie ist.

Wir sind bei dir. Wir unterstützen dich in deiner Freiheit. Wir sind diejenigen, die immer mit viel Geduld warten, bis du eine Entscheidung treffen möchtest. Dann klopfen wir leise an und fragen flüsternd: »Willst du das wirklich? Was willst du in Wahrheit?« Manchmal hörst du uns. Manchmal hältst du inne und überdenkst deine Entscheidung, bevor sie endgültig ausgesprochen wird. Manchmal folgst du deinem Herzen, denn es kennt deinen Seelenplan – im Gegensatz zu deinem Verstand.

Dein Verstand ist der Bürokrat in deinem Kopf, der es allen recht machen will, denn er sorgt für dein Überleben. Du hast überlebt – bis heute. Dafür kannst du dir jetzt voller Stolz auf die Schulter klopfen, denn das ist eine wunderbare Leistung.

Heute gehen wir einen Schritt weiter miteinander. Aus dem Überleben, dem Funktionieren geht es nun daran, aus den vielen unnatürlichen Schichten antrainierter Verhaltensweisen den Menschen herauszuschälen, der du wirklich bist.

Es kann sein, dass es eine Weile dauert – Menschen sind oft wie Zwiebeln. Sie haben so viele Schalen, dass man den Kern nicht erkennt. Doch alles ist gut. Alles hat seinen Sinn und Grund. Mit diesen Schalen hast du deinen weichen, zarten Kern geschützt. Du hast vermutet, dass es nur auf diese Weise funktioniert. Und diese Vermutung war bis heute deine Wahrheit.

Jetzt erzählen wir dir, dass es eine andere Wahrheit gibt, die tief in dir – unter all den Schalen – verborgen ist: dein wahres Ich. Möglicherweise schimmert es schon durch ein paar wenige Schalen hindurch, weil du schon einiges getan hast, um dich selbst kennenzulernen. Vielleicht trägst du aber auch noch einen dicken Panzer aus Angst und Sorge, den du zur Sicherheit angezogen hast, um dich zu schützen.

Wie auch immer dein persönlicher Zustand gerade ist – du kannst heute voller Spaß und mit einem Gefühl von Neugierde nachsehen, was es noch in dir zu entdecken gibt.

Wer bin ich wirklich?
Eine Reise in deine innere Theaterrequisite

Die Welt fordert dich täglich auf, Rollen zu spielen. Alles ist ein großes Theater. Mal bist du Mutter oder Vater, dann wieder Tochter oder Sohn, im nächsten Moment Chef, Geschäftsführerin, Kollegin oder Angestellter. Dann gibt es noch den Freund, die Geliebte, den Sportler, die Beraterin, den Heiler, die Kreative, den Einsamen, die Kranke ... Mal bist du brav, mal bist du gemein, mal wirst du von anderen in diese Rolle gesteckt, mal in jene.

Jeden Tag beginnt es neu: Morgens erwachst du mit einem Gefühl von Verbundenheit, denn in deinen Träumen bist du nur du selbst. Kaum beginnst du den Tag, spielst du Theater.

Lasse uns nun gemeinsam in deine persönliche Theatergarderobe schauen. Nimm dir dafür Zeit. Es ist äußerst spannend und unterhaltsam, in den Requisiten zu stöbern. Neben dir sollte etwas zum Schreiben liegen (z. B. dein Lebensbuch), damit du dir das Ergebnis notieren kannst. Mache es dir gemütlich, und entspanne dich. Du kannst diese kleine Reise erst einmal lesen, bevor du sie dann richtig beginnst.

Schließe die Augen, und atme ein paar Mal tief ein und aus. Spüre in dich hinein. Fühle dich, umhüllt von den vielen Rollen, die du täglich spielst. Sie umgeben dich wie immer neue Schichten aus dichter Energie. Einige sind leicht, zart und durchscheinend, denn sie machen dir Spaß. Andere sind eng, beklemmend und zentnerschwer.

Stelle dir nun einen Raum vor, der groß und voller Kostüme ist: deine innere Theaterrequisite. Hier hängen all die Kleider und Gegenstände, die du für die verschiedenen Rollen brauchst.

Nimm dir Zeit, und schaue dir alles in Ruhe an. Vielleicht ist alles ganz ordentlich und nach Rollen sortiert. Oder es herrscht pures Chaos, weil du schon selbst nicht mehr weißt, welches Kostüm zu welcher Rolle gehört.

Es ist dein Raum. Halte dich dort so lange auf, wie du magst. Du kannst stöbern, entdecken, sortieren und möglicherweise auch ausmisten. Es kann ja sein, dass es Rollen gibt, die du gar nicht mehr spielen möchtest.

Schreibe dir auf, was du siehst und wie es sich anfühlt. Notiere dir, was du magst und was du gern ändern möchtest. Es ist wichtig, dass es durch deine aufgeschriebenen Worte eine Gestalt bekommt. Dann kannst du später, wenn du vielleicht einen weiteren Besuch in deiner Requisite machst, nachschauen, was sich seit dem letzten Mal verändert hat. Das Leben ist beständiger Wandel. Du entscheidest, was du tun und lassen möchtest.

Hilfreiche Fragen
Finde dich selbst

Um dir selbst auf die Spur zu kommen, kannst du die Fragen von Kondrambar beantworten lassen (Seite 241). Er hilft dir, dein Leben in einem anderen Licht zu sehen.

Die wichtigste aller Fragen, die du dir täglich stellen kannst, ist diese:

Wer bin ich und wer will ich sein?

Daraus ergeben sich herrliche neue Fragen:

Wenn niemand etwas dagegen hätte, was würde ich am liebsten machen? (Denk bitte immer daran: Du allein entscheidest über dein Leben.)

Was möchte ich erleben?
Welcher Berufung möchte ich nachgehen?
Was erfüllt mich am meisten?
Was habe ich mir noch nie erlaubt zu denken, zu sagen oder
zu tun – und würde es gern machen?
Wen möchte ich in meinem Leben haben und wen nicht?
Wem möchte ich gern mal meine Meinung sagen?
Genieße ich mein Leben? Wenn ja – wunderbar! Wenn nicht –
was kann ich ändern?

Dir fallen sicher noch neue, wunderbare und wichtige Fragen ein, die du dir immer mal wieder in deinem Leben stellen kannst. Wenn du sie regelmäßig und ehrlich beantwortest, wirst du spüren, wie sich viele Rollen und Masken verabschieden, die du gespielt und getragen hast. Du lernst dich selbst so gut kennen, dass du immer stärker und authentischer wirst. Es macht immer mehr Spaß, du selbst zu sein, denn du weißt endlich, was du willst.

Wenn du gern etwas verändern möchtest, doch dir fehlt der Mut, rufe uns. Du findest hier im Buch viele Anregungen, dir selbst auf die Spur zu kommen und endlich deine Schöpferkraft anzunehmen. Das Leben ist da, um es zu genießen – jeden Tag. Wir sind immer in deiner Nähe, um dich zu unterstützen und dir Klarheit und Wahrheit zu schenken, deine Wahrheit. Denn nur du kannst wissen, was gut und richtig für dich ist. Wir helfen dir sehr gern dabei, es zu entdecken.

Helidor und Ariel –
Helfer in der Not

»Wenn nichts mehr geht und kein Ausweg in Sicht ist, sind wir für dich da. Wir sind Einhorn und Engel, Himmel und Erde. Wir helfen dir auf deinem Weg, wenn du in eine Sackgasse geraten bist oder aus dem Teufelskreis deiner Gedanken ausbrechen möchtest. Wir sind die guten Freunde, die Licht bringen für einen kleinen oder großen Neubeginn.«

Die Botschaft

Das Leben ist ein Spiel aus Ausprobieren und Verfehlen, um schließlich doch eine Lösung zu finden. Wenn du einen Fehler machst, weißt du, was du nicht mehr ausprobieren musst; stattdessen kannst du dich entspannt einer anderen Lösung zuwenden. Jeder Tag hält neue Überraschungen bereit, damit du wachsen und lernen kannst. Wir sind immer gern für dich da, um dir zu helfen, wenn du dich festgefahren hast. Wenn der Ausweg im Dunkeln liegt und deine Kraft zur Neige geht, werden wir dich inspirieren. Damit du fühlen und erleben kannst, dass es immer eine Lösung gibt – voller Licht und Liebe.

Aus unserer Perspektive der Engel und Einhörner ist es sehr interessant, was ihr Menschen oft für Umwege geht, um an eure Ziele zu gelangen. Mag es noch so offensichtlich sein, wie leicht es sein könnte, euer Ziel zu erreichen, so nutzt ihr doch gern jede mögliche Abzweigung, um eine Sonderrunde zu gehen. Wäret ihr neugierig und offen für Wunder, könntet ihr mithilfe eures Herzens sehr entspannt vorankommen.

Fühlst du manchmal die Frustration, wenn du zum wiederholten Male etwas ausprobierst, weil du glasklar weißt, was du willst – und es doch nicht schaffst?

Tröste dich – es ist menschlich. Du bist nicht hier auf der Erde, um von Anfang an eilenden Schrittes schnurgerade auf deine Ziele zuzusteuern. Das Spiel auf der Erde ist etwas komplizierter, damit es Freude macht.

Es wird sich entspannen, wenn das neue Bewusstsein endlich vollends auf diesem schönen Planeten erwacht ist. Doch bis dahin bist du immer noch in der Schwingung, die sich viele Jahrhunderte aufgebaut hat. Der Mensch kann, dank der modernen

Wissenschaft, mittlerweile beinahe jeden Vorgang menschlichen Lebens erklären. Doch je mehr ihr wisst, desto komplizierter wird alles. Je mehr ihr euch auf die Medizin verlasst, desto weniger hört ihr die Signale eures Körpers. Dabei ist es so leicht, ihn zu verstehen – vor allem, wenn er die Notbremse ziehen möchte. Findest du den Moment, in dem du in eine Endlosschleife oder Sackgasse eintauchst, kannst du innehalten, prüfen und diesen Umweg umgehen. Dein Körper und deine Seele werden es dir voller Liebe danken. Schwere Krankheiten brauchen auf diese Weise gar nicht erst zu entstehen. Dein Körper kann frei und voller Leichtigkeit dein Leben erhalten.

Ihr habt viele Möglichkeiten gefunden, euch das Leben zu erleichtern – leider meistens auf Kosten der Erde. Jeder Mensch, der den Weg der Seele und des wahren Bewusstseins geht, wird früher oder später an den Punkt kommen, zu erkennen, dass in der Einfachheit der Segen liegt – zurück zu den Wurzeln, zum ursprünglichen, klaren Sein. Es wird die Zeit kommen, da alle Technologie dazu dienen wird, das Leben zu schützen – alles Leben. Bis dahin werden wir noch viele Notfälle unterstützen, denn oft erwacht der Mensch erst in einer Krise. In jeder Krise steckt die Chance auf einen Neubeginn voller neuer Ideen und Licht. Wir alle – Einhörner, Engel und viele andere Lichtwesen – sind hier bei euch, um diesen globalen Neubeginn zu unterstützen.

Doch jeder große Neubeginn fängt im Kleinen an. Je mehr Menschen ihren Weg gehen und ihr persönliches Glück finden, umso höher schwingt die Energie der Erde.

Jetzt helfen wir dir, damit du deinen Weg voller Gelassenheit und Freude fortsetzen kannst.

Aus der Sackgasse ans Licht
Ein Notfallplan

In dem Moment, in dem du spürst, dass du nicht weiterweißt, brauchst du verschiedene Impulse:

1. Energie. Ohne Energie drehst du dich einfach nur im Kreis, denn du brauchst sie für neue Ideen, damit du aus der Sackgasse herauskommst. Eine wunderbare Übung dazu haben die Einhörner der Sonne für dich (Seite 105). Tanke dich auf.
2. Eine gute Idee. Jede Antwort auf alle Fragen, die du hast, liegt in dir verborgen. Manchmal kannst du sie nicht erkennen, weil sie hinter den blinden Flecken deiner Wahrnehmung versteckt ist. Diese blinden Flecken kannst du am einfachsten mit einem guten Freund, deinem Partner oder einem verständnisvollen Therapeuten erhellen. Was für dich noch unsichtbar ist, kann ein Außenstehender oft viel leichter erkennen. Solltest du es alleine ausprobieren wollen, kannst du die Meditation von Hondrador genießen (Seite 129). Er führt dich in die Ebene deiner Antworten hinein.
3. Körperliche Unterstützung. Es gibt viele Maßnahmen, die du ergreifen kannst, um deinen Körper zu erfrischen, wenn er unter der Last der Frustration zusammenzubrechen droht. Sorge gut für dich, indem du dir Ruhe gönnst und Dinge tust, die dich glücklich machen. Es gibt außerdem eine Vielzahl von leichten Mitteln, die dich aufbauen können, wenn der Notfall eintritt. Vor allem die Pflanzen dieser Erde haben viele Eigenschaften, die für deinen Körper von Nutzen sind. Ihre große Kraft findest du in Blütenessenzen, homöopathischen Globuli, den Salzen der Erde und in Kristallen (siehe Buchempfehlungen). Du kannst nachlesen oder dich von Fachleuten unterstützen

lassen, die richtigen Mittel zu finden, deine Konstitution zu stärken. Auf diese Weise kannst du viele Klippen umschiffen und sehr viel entspannter durch dein Leben segeln.

Es ist eine Illusion, dass die Chemie der modernen Medizin die reine Kraft der Pflanzen, Mineralien und Kristalle übertrumpfen kann. Denn eure Körper wünschen sich, was sie kennen. Seit Jahrmillionen esst ihr, was der Planet euch bietet – in seiner reinen Form. Und genau das wirkt einfach am besten. Es gibt auch seitens der modernen Medizin hervorragende Errungenschaften, wenn es darum geht, die Heilung schwerer Krankheiten zu unterstützen. Doch am einfachsten wäre es, diese gar nicht erst entstehen zu lassen. Und dafür sorgen wir gerade.

4. Training. Wenn du viele Male in die gleiche, von dir selbst aufgestellte Falle tappst, braucht es beständiges Üben, diese Falle rechtzeitig zu erkennen. Deine Sinne möchten geschärft und trainiert werden. Hierbei hilft dir Androbar (Seite 111). Deine eigenen Körpersignale möchten Beachtung finden. Tandrador fordert dich zum Tanz (Seite 177). Deine Glaubenssätze möchten überprüft und aussortiert werden. Dein Geist braucht regelmäßige Erfrischung. Dabei unterstützt dich Embroer (Seite 145). Und schließlich kannst du auch dein Glück trainieren. Sandroar hat dazu ein paar gute Ideen (Seite 215).

5. Meditation und Selbstbeobachtung. Sie gehören zu einem gesunden, wahrhaftigen Leben dazu. Sie bieten dir die Möglichkeit, dein Leben von einer höheren Warte aus zu betrachten. Von dort siehst du immer deutlicher, wenn du die gleichen Fehler immer wieder machst. Du erkennst bald schon den Moment, in dem du die Sackgasse betrittst. Dann kannst du innehalten und neu entscheiden.

6. Irdische und überirdische Helfer. Gute Freunde sind die größten Schätze, die es zu finden gilt. Sie sind für dich da, wenn ein Notfall eintritt. Sie hören dir zu und können deine Herausforderung aus einem anderen Blickwinkel betrachten. Pflege deine Freundschaften, dann hast du ein Netz, das dich auffängt, wenn du fällst.

7. Wenn gerade kein Mensch für dich da sein kann, gibt es uns – die Helfer, die dir auf überirdische Weise mit Energie und neuen Impulsen zur Seite stehen. Rufe uns – wir sind immer für dich da.

Ein Notfall ist ein perfekter Augenblick, dir eine Auszeit zu gönnen. Es muss nicht so weit kommen, dass du einen Unfall oder eine schlimme Krankheit brauchst, um zur Ruhe zu kommen. Vielleicht war dies bisher deine einzige Lösung, um ein wenig Entspannung zu finden oder die Aufmerksamkeit und Fürsorge zu bekommen, die dir so sehr fehlt. Doch wäre es nicht viel schöner, wenn dies von ganz allein und auf freie, selbstverständliche Weise geschieht?

Wenn ein Notfall eintritt, bist du stets aufgerufen, dich dir selbst zuzuwenden. Ob klein oder groß, ob leicht oder bereits sehr schwer – ein Notfall ist ein großartiges, wichtiges Signal, innezuhalten und dich selbst zu überprüfen.

Lausche deinen inneren Stimmen. Vor allem dein Schatten möchte in solch einer Situation Gehör finden. Er hat dir viel zu erzählen, denn er ist gezwungen, dich zu sabotieren, wenn du ihn unterdrückst. Arktoran (Seite 89) kann dir viel zu den Schätzen erzählen, die tief in der Dunkelheit warten.

Je besser du dich selbst kennst und je mehr du dich liebst, desto seltener wirst du einen Notfall erleben. Wenn du dein Lebensmuster kennst, wird in dir schon früh der Alarm ertönen, der dich warnt, bevor du erneut in die Falle tappst.

Erinnere dich im Moment der Angst und der Verzweiflung daran, dass du selbst diesen Augenblick herbeigeführt hast. Denn das beweist dir, dass du auch selbst einen Weg hinausfindest. Wenn dein ganzes menschliches System einen Neustart braucht, gönne ihn dir so ausgiebig, wie es möglich ist. Manchmal reichen ein paar Stunden, manchmal müssen es mehrere Tage oder Wochen sein, um neue Wege zu gehen oder aus einer Sackgasse hinauszugelangen. Traue dich, um Hilfe zu bitten. Selbst wenn du vielleicht glaubst, es nie anders gekannt zu haben – du bist nicht allein. Es gibt immer Unterstützung für dich – ob irdische oder überirdische. Wir sind an deiner Seite, denn du hast ein freies, glückliches Leben verdient. Wir helfen dir, den Weg auf leichte Weise zu gehen, damit du dich an jedem Augenblick erfreuen kannst, den du erlebst.

Bücherliste

Chris Lavers: »Das Einhorn – Natur, Mythos, Geschichte«, Lambert Schneider, Darmstadt 2010

Winfried Hagenmaier: »Das Einhorn. Eine Spurensuche durch die Jahrtausende«, Eulen-Verlag, München 2003

Rüdiger Robert Beer: »Einhorn. Fabelwelt und Wirklichkeit«, Callwey, München 1972

Jochen Hörisch: »Das Tier, das es nicht gibt. Eine Text- & Bild-Collage über das Einhorn«. Krater Bibliothek, Greno, Nördlingen 1986

Jürgen (Pater Werinhard) Einhorn: »Spiritalis unicornis. Das Einhorn als Bedeutungsträger in Literatur und Kunst des Mittelalters«, Wilhelm Fink Verlag, München 1982

Klaus Minges: »Das Sammlungswesen der frühen Neuzeit«, Lit-Verlag, Münster 1998

Jacques Le Goff: »Ritter, Einhorn, Troubadoure. Helden und Wunder des Mittelalters«, a. d. Franz. v. Annette Lallemand, C. H. Beck, München 2005

Karen Duve/Thies Völker: »Lexikon berühmter Tiere. 1200 Tiere aus Geschichte, Film, Märchen, Literatur und Mythologie«, Eichborn Verlag, Frankfurt am Main 1997

Hans Biedermann (Hrsg.): »Lexikon der Symbole«, Weltbild Verlag, Augsburg 2000

Einhornfilme

Zusammenfassungen und Erläuterungen

»Das letzte Einhorn« (1982) ist wohl der bekannteste Einhornfilm unserer Zeit. Er entstand aus der Buchvorlage und nach dem Drehbuch von Peter S. Beagle.

In diesem Zeichentrickfilm erfährt ein Einhorn, dass es das letzte seiner Art sein soll. Doch angeblich hat ein roter Stier alle anderen Einhörner zusammengetrieben, die vielleicht noch gerettet werden können. So begibt sich das letzte Einhorn auf die Suche nach seinen Artgenossen, hinaus aus dem sicheren Wald, in dem es lebt. Es ist unsterblich, wenn es in seinem Wald bleibt, doch kann es außerhalb dessen durchaus getötet werden. Auf seinem Weg findet es Gefährten in dem Zauberer Schmendrick, der es aus einer kurzen Gefangenschaft rettet und der Räuberbraut Molly Grue, die beide das Einhorn erkennen können. Die meisten Menschen hingegen haben den Glauben an die Einhörner verloren und sehen in ihnen nur weiße Pferde.

Gemeinsam finden die drei den König, der mit Hilfe des gewaltigen roten Stieres alle Einhörner gefangen genommen hat, weil sie das einzige sind, an dem er sich erfreuen kann. Er hat sein ganzes Land in einen Ort des Schreckens verwandelt, denn sein Herz ist kalt. Kurz bevor die drei Gefährten die Burg des Königs erreichen, verlässt der rote Stier die Burg des Königs auf der Jagd nach dem letzten Einhorn. In seiner Verzweiflung verwandelt Schmendrick das letzte Einhorn aus Angst und Sorge in eine Menschenfrau, kurz bevor auch dieses Wunderwesen dem roten Stier zum Opfer fällt.

Um die Einhörner zu retten, stellen sich Schmendrick und Molly in die Dienste des grausamen Königs Haggard, während die Einhornfrau, völlig verwirrt in ihrer neuen menschlichen Gestalt, immer mehr vergisst, was sie einst war. Der Ziehsohn des Königs, Prinz Lír, verliebt sich in die wunderschöne, stille Lady Amalthea und umwirbt sie. Viele Tage vergehen, bis sie seine Liebe schließlich erwidert und kurz davor ist, sich selbst als Einhorn und damit die Rettung ihrer Artgenossen aufzugeben. Glücklicherweise gelingt es allen vieren durch Mut und Tapferkeit schließlich, gemeinsam den roten Stier zu finden.

Das letzte Einhorn verwandelt sich durch Schmendricks Magie zurück in seine ursprüngliche Gestalt und bekämpft seinen Widersacher erfolgreich, sodass sich alle gefangenen Einhörner befreien können. Es opfert seine Liebe, die es als Menschenfrau empfand, ist aber durch seine Verwandlung das erste Einhorn geworden, das Liebe und Mitgefühl empfinden kann, was ihm zuvor nicht möglich war.

In dieser Geschichte findet sich viel von den alten Mythen wieder. Als Märchen und Allegorie auf die Mysterien des Lebens enthält sie viele wichtige Botschaften.

Das Einhorn ist ein reines, unschuldiges Wesen, zwar voller Weisheit und Magie, doch auch mit einem guten Maß an Naivität, das dadurch manchmal zum Opfer wird. Es kann mit seinem Horn kämpfen und sogar Tote zum Leben erwecken, doch ist es nicht frei von Angst. Es beschützt die Schwachen und hilft den Bedürftigen.

Nur wer reinen Herzens ist, kann Einhörner erkennen. Mit Mut und Tapferkeit kann jeder Feind und jede Angst besiegt werden. Wenn man an sich selbst glaubt, kann jeder Mensch über sich selbst hinauswachsen – wie Schmendrick, der anfangs nur ein unfähiger Gaukler ist und sich im Laufe der Geschichte in einen echten Zauberer verwandelt. Auch Menschen, die einmal den Weg der Verderbnis gewählt haben (wie die Räuberbraut Molly

Grue), können sich wieder auf den Weg der Liebe und des Mit-
gefühls begeben. So wird das Einhorn in dieser Geschichte zu
einem Symbol für Schönheit, Tapferkeit und Reinheit.

»Legende« ist ein Hollywood-Film aus dem Jahr 1985 mit Tom
Cruise, Tim Curry und Mia Sara in den Hauptrollen. Er handelt
von der schönen Prinzessin Lily, die im Zauberwald ihren Geliebten, den Waldjungen Jack, besucht. Lily ist ein verwöhntes, ego-
istisches Mädchen, doch Jack liebt sie sehr. Um ihr die Schönheit
seines Waldes zu zeigen, begeht er ein Sakrileg: Er zeigt ihr die
Einhörner. Es sind die beiden letzten der Welt. Fast überirdisch
schöne weiße Pferde mit gedrehten Hörnern, von denen die
Jungfrau Lily magisch angezogen wird. Sie überhört die ent-
setzten Rufe von Jack und berührt eines der Wundertiere.

Dies allein wäre schon Frevel genug, doch wirklich schlimm
ist, dass zur gleichen Zeit der Fürst der Finsternis, Sohn des Teu-
fels, die Herrschaft über die Welt erlangen möchte. Dies kann er
nur, wenn er die letzten Einhörner tötet. Er schickt seine Scher-
gen aus, die beiden Geschöpfe einzufangen. Nur weil Lily die
Einhörner berührt, halten sie genau in dem Moment still, in dem
die Kobolde ihre tödliche Waffe auf sie anlegen. Das weibliche
Einhorn will fliehen, wird jedoch gefangen genommen. Dem ge-
töteten männlichen Tier wird das Horn geraubt und zusammen
mit der gefangen genommenen Prinzessin im Triumphzug zum
Herrn der Finsternis gebracht.

Dieser verliebt sich in seinem unterirdischen Reich in Lily, während die Welt auf der Oberfläche in tiefen Winter und Dunkelheit
verfällt. Derweil nimmt Jack all seinen Mut zusammen und dringt
mit Unterstützung einer Fee, eines Elfs und zweier Wichtel in die
Katakomben des furchtbaren Herrschers ein.

Lily scheint beinahe dem Zauber des bocksfüßigen, gehörnten Teufelssohns zu erliegen, der sie mit Schmuck, schönen Kleidern und Luxus verführen möchte. Zum Glück hält sie lange genug stand, sodass Jack es schafft, einen letzten Strahl des vergehenden Sonnenlichts in die unterirdische Höhle zu leiten, in der das letzte Einhorn geopfert und Lily verheiratet werden sollen. Die tapferen Gefährten besiegen mit Glück und Mut den Sohn der Hölle und schleudern ihn zurück zu seinem Vater. Der Winter endet, die Welt wird gerettet und auch das getötete Einhorn erwacht wieder zum Leben. Jack und Lily können endlich wieder zueinanderfinden.

Auch dieser Hollywoodfilm ist nur etwas für Fans von Märchen, Mythen und tiefen Gefühlen. Die Kritik war nicht sehr gnädig mit diesem Epos, doch zahlreiche Fans lieben die dramatische Liebesgeschichte, in der zwei Einhörner das Schicksal der Welt bestimmen. Nur ihre Anwesenheit auf der Erde kann die Dunkelheit in Schach halten. Ihre Reinheit und Schönheit erhält das Gleichgewicht zwischen Gut und Böse. Ihr Horn ist eine mächtige, begehrte magische Waffe. Mit ihr kann man zaubern und sie kann Leben schenken und vernichten. Nur die naive, unschuldige Reinheit eines Menschen kann die Einhörner berühren – und gleichzeitig vernichten.

In dem Kinderspielfilm »**Nico, das Einhorn**« aus dem Jahr 1998 geht es um den kleinen Jungen Billy. Nachdem sein Vater bei einem Autounfall ums Leben kam, zieht er mit seiner Mutter in eine kleine Stadt in Vermont. In der neuen Schule wird er als Außenseiter verspottet, da er seit diesem Autounfall eine Metallschiene am Bein tragen muss. Sein größtes Glück aber ist ein kleines Pony, das er dem zwielichtigen Besitzer eines Ponyzirkus abkauft, der es als Einhorn auftreten ließ und schlecht behandelte. Eines Tages bringt das Pony ein kleines Fohlen zur Welt, das Billy Nico nennt. Und Nico ist etwas Besonderes, denn ihm wächst ein echtes Elfenbeinhorn auf dem Kopf und es hat magische Kräfte. Billy versteckt das Einhorn, so gut es geht, aber es dauert nicht lange, da werden Zeitungen und Fernsehen auf die Geschichte aufmerksam. Aus Furcht davor, Nico könnte etwas zustoßen, flieht Billy mit ihm in die Berge. Dort machen sie eine wundervolle Entdeckung. Mehr wird nicht verraten ...

Danksagung

Mein besonderer Dank gilt allen Menschen, die dazu beigetragen haben, dass ich dieses Buch samt Kartenset erschaffen konnte. Es ist schön und wichtig, dass die Kraft der Einhörner wieder in das Bewusstsein der Menschen rückt.

Ich danke meinen Verlegern, meinen Lektoren und den Grafikern, die mir diesen Traum erfüllt haben.

Auch meinem Mann Siranus möchte ich danken, der mir überhaupt erst ermöglicht hat, den Mut zu finden, meinen Weg in die Öffentlichkeit aufzunehmen. Sein Glaube an meine schöpferische Kraft gibt mir jeden Tag neue Entschlossenheit, mein Licht leuchten zu lassen.

Auch den Menschen, die mich auf meinem spirituellen Weg begleitet haben und noch begleiten werden, gilt mein aufrichtiger Dank.

Ich freue mich jeden Tag auf die Wunder, die das Leben uns allen schenkt. Gemeinsam mit den Lichtwesen, die uns begleiten, können wir eine neue, friedliche Welt erschaffen.

Ebenfalls erschienen im  Schirner Verlag

Sonja Ariel von Staden

**Das Einhorn
als Beschützer und Begleiter
für die Neue Zeit**

Kartenset mit Anleitung
36 Karten, 89 x 127 mm
ISBN 978-3-8434-9022-1

Einhörner sind Lichtwesen, die aufgrund ihrer Weisheit und tiefen Verbundenheit zur Natur alle Seelen dieser Welt in ihrer Entwicklung unterstützen können. Sie ermöglichen es ihnen, das Gefühl von Vertrauen und innerem Frieden wiederherzustellen.

Gewinnen Sie mit diesem Kartenset einen Einblick in die Energie der Einhörner. Es ist ein Beitrag dazu, die Liebe und Schönheit der Einhörner auf der Erde zu zeigen und in die Herzen der Menschen zu bringen. Nutzen Sie diese intensiven Impulse, um sich selbst besser kennenzulernen.

Seit vielen Jahren bekommen immer mehr Menschen ein neues Bewusstsein für den Ursprung allen Seins – die Einhörner ermöglichen es auch Ihnen, das Gefühl von Vertrauen und innerem Frieden wiederherzustellen.

Erleben Sie die kraftvolle Energie der Einhörner!